ちくま新書

# 中世史講義

――院政期から戦国時代まで

高橋典幸
Takahashi Noriyuki
五味文彦
Gomi Fumihiko
編



1378

**中世史講義**――院政期から戦国時代まで【目次】

# はじめに

高橋典幸
五味文彦

中世はわかりにくい時代とよく言われる。平安時代、鎌倉時代、室町時代、戦国時代など政治史の時期区分でもこれだけ多くある。しかもこの時期区分も絶対的なものではなく、境界がはっきりせず、いつとはなしに次の時代が始まっている。南北朝の戦乱や応仁の乱などの戦乱もどう始まったのか、いかに終わったのかもはっきりしない等々、実にわかりにくい。

しかし今の我々にとって身近な、家などの社会単位、院政などの政治組織、浄土宗や禅宗などの宗教信仰、能や茶などの伝統芸能などは皆、中世に始まっている。実はこの身近さとわかりにくさこそが中世史の魅力なのである。本書はそうした日本中世史の魅力を最新の研究成果でわかりやすく伝えるために企画したものである。

もちろん研究成果は膨大であり、その全貌を一冊の新書に盛り込むことは不可能である。

そこで、本書では政治・経済・社会・宗教・文化・海外との交流から十五のテーマを選び、それぞれ研究の最新状況を叙述することにした。わかりやすい叙述を旨としたが、単なる説明に終始することなく、叙述の根拠となる史料に言及したり、学説の対立や変遷にふれたりするなど、日々の研究活動の一端にふみこんだ場合もある。どのような手続きを経て歴史は明らかにされるのか、研究現場の息吹のようなものもお伝えできればと思う。

また日本の中世はそれだけで成り立っているわけではない。中世の前には古代があり、中世の後には近世が続くことになる。古代史や近世史とのつながりや移行・接続について独自のテーマをたてることはしなかったが、それぞれの叙述の中で意識することを心がけ、とくに第15講では近世への見通しを示した。

いずれにしても歴史は流れのなかで理解することが重要である。そこで、先に述べた十五のテーマも時代順を考慮して、本書を通読することによって日本中世史の流れがとらえられるように設定・配列した。日本の中世にもさまざまな動きがあり、それらが交錯、そして変化しながら時代を形作っていく。そうした歴史のダイナミズムを感じ取り、古代史や近世史との流れを考えていく手がかりになることを願っている。

考えてみれば、私たちが生きているこの現代社会も中世と同じくわかりにくい。既成の価値観は通用せず、ひとりひとりが社会や未来のことを真剣に考える必要がある。中世の人びとがどのように生きてきたかを振りかえってみることは、今を生きる私たちにとっても意味のあることであろう。小さな本書がそこに何らかの役割をはたすことができれば、執筆者一同望外のよろこびとするところである。

た摂政・関白との縁戚関係などによって決められていたが、一一世紀後半に登場した白河天皇は自分の子孫に皇位を伝えていくことを決意し、子や孫、さらには曾孫を次々と皇位につけた。さらに、自分の子孫による皇位継承を確実にするために、白河は政治の実権を握ったのであった。こうして院政が開始されるようになると、皇位は白河直系の子孫に伝えられるようになり、皇族のなかに天皇の地位を継承するイエ、すなわち天皇家が成立することになったのである。

### ✦さまざまなイエ

天皇家の成立に連動して、貴族社会でもイエの形成が進んだ。藤原道長直系の子孫からは、摂政や関白の地位を継承する摂関家が生まれ、その他の藤原氏や源氏などの子孫からもさまざまなイエが成立していった。こうして形成されたイエは政治的地位や職掌と深く関わっており、大臣に至るイエ（徳大寺家、久我《こが》家など）や実務官人を輩出するイエ（日野家、甘露寺家など）、あるいは和歌の師範となるイエ（冷泉《れいぜい》家など）、衣服に関する故実を伝えるイエ（高倉家など）など、家格や家職が成立していった。

武士の成立も、こうしたイエの形成と深く結びついていた。貴族社会の中で武芸を家職としていったのが、いわゆる清和源氏・桓武平氏の武家の棟梁のイエである。その子孫からは地方に根を下ろす者も現れ、各地の戦乱や紛争に身を投じることによって、武士のイエとしての名声と実質を高めていった。

武士とイエの関係をよく示すものとして、戦場における「氏文《うじふみ》よみ」がある。たとえば、保元の乱で源為朝と遭遇した大庭《おおば》景能《かげよし》・景親《かげちか》兄弟は、「御先祖八幡殿《はちまんどの》の後三年の御合戦に鳥海《とのみ》の城落とされし時、生年十六歳にて、右の眼《まなこ》を射させて、其矢をぬかずして、答の矢を射て敵をうち、名を後代にあげ、今は神と祝はれたる鎌倉の権五郎景政が四代の末葉、大庭の庄司景房が子、相模国住人、大庭平太景能・同三郎景親とは我が事にて候」（『保元物語』）と名乗って戦いを挑んでいる。源平合戦期までの戦場では、自らの出自を名乗るのが戦いの作法であったが、そこでは先祖以来の武勲が高らかに誇示されていた。自分がそうした祖先の末裔であること、武勲を重ねてきたイエの継承者であることが、武士にとって最大のアイデンティティだったのである。

貴族や武士といった支配者層ばかりでなく、やや遅れて、農民の間でもイエは成立していった。自然環境の厳しさにより、中世の農村では農民の逃亡があいつぎ、また村そのものが消滅することもめずらしいことではなかったが、惣村が形成されることによって、農民の生活も次第に安定していくことになった。一四八三年（文明一五）、近江国の惣村菅《すがの》浦《うら》（滋賀県西浅井町《にしあざいちょう》）では、罪により処刑あるいは追放された農民の「跡《あと》」（財産や耕作権）は、その子に相続させることが村掟《むらおきて》によって定められている。ここからは、村においても農民のイエが成立していたこと、それは惣村によって保障されていたことを読み取ることができる。

以上のようにあらゆる階層でイエが成立していったのであるが、その一方でイエを形成することができない人びとがいたことにも注意しておきたい。主人の財産として使役され、さらには売買の対象にすらなった下人や、いわれない差別を受けた非人といった人たちは、イエの形成を許されず、中世社会の底辺に位置づけられていた。

## 優越するイエ

そもそも朝廷は律令制にもとづく官僚制機構として設計されていたが、貴族社会においてイエの形成や家格・家職の成立が進むと、朝廷そのものがイエの複合体としての性格を帯びるようになってくる。たとえば、太政官の中枢組織の一つ、弁官局《べんかんきょく》は、弁と史という職員によって構成されていたが、左大史《さだいし》の地位を世襲した下級貴族小槻《おづき》家が業務を請け負うようになり、業務関係の資料はすべて小槻家の書庫で管理されるようになった。また京都の治安維持などにあたった検非違使《けびいし》の長官（別当）は公卿《くぎょう》と呼ばれる上級貴族が任じられたが、検非違使別当の業務は別当の私宅で行われていた。中世を通じて朝廷の行政機構整理・縮小が進んだが、その実態は貴族のイエによる代替であり、朝廷の「公」の領域に占めるイエの役割が拡大したと言えよう。

武家政権は、はじめからイエの連合体としての性格を強くもっていた。鎌倉幕府の起源は、治承《じしょう》・寿永《じゅえい》の内乱時に個々の武士が源頼朝のもとに集まり、主従関係を結んでいったことに求められるが、その後も将軍の代替わりないし武士の側の世代交代のたびに安堵《あんど》が行われることによって、両者の主従関係は更新されていった。すなわち、武家政権は「将軍のイエ」と「武士のイエ」が主従関係によって結ばれることによって成り立っていたのである。

「御成敗式目《ごせいばいしきもく》」第二六条は、武家政権と「武士（御家人《ごけにん》）のイエ」との関係を考える上で重要である。すなわち御家人のイエにおいて、ある子息に所領が譲られ、それについて幕府が下文《くだしぶみ》を発給して認可を与えていたとしても、親は自由にその譲与を取り消し、別の子にあらためて譲ることができると定められているのである。家長（親）の判断は絶対であり、その前には幕府の認可さえ無効とされたのである。将軍と武士との主従関係によって成り立っていた武家政権であるが、主人である将軍でさえも、「武士のイエ」内部の問題には介入することはできなかったのである。

## †権力の分立

中世の特徴として、もう一つ指摘されるのが、社会の多元性や分権性である。古代の律令制では、全国に国と郡を設置し、都からは国司を派遣し、郡司には地方の有力者を起用、さらには全国の人びとを戸籍に登録するなど、日本の「隅々まで」統治しようとしていた。一方、一一五六年（保元元）閏《うるう》九月、後白河天皇は「すべての土地は天皇のものである。その天皇の命令以外に、好き勝手なことを誰ができようか」と高らかに宣言して、荘園整理を発令している。一見専制的・高圧的にも聞こえるが、この宣言は荘園という「整理しなければならない」空間が存在することを認めているのであり、すでに国土のすべてに天皇や朝廷の均質な支配が及ぶものではなくなっていたことを物語っている。

さらに鎌倉時代になると、朝廷は鎌倉幕府という強力なライバルと向き合わざるをえなくなる。武士という新興勢力を基盤にした新たな政治権力が登場したわけであるが、鎌倉幕府と朝廷とが東西に並び立つようになったことに注目したい。実は日本列島の東西には古くから人びとの生活や文化の違いが横たわっていたのであり、それが中世には政治権力の東と西への分裂として現れるようになったのである。承久の乱後、新たに西国に所領を得した幕府の御家人たちは、しばしば現地の住人や荘園領主と紛争を起こすようになる。

それは年貢の取り分など権益をめぐる争いでもあったが、東西の慣習や文化の衝突という側面も持っていたのである。

ただし東西の相違・対立ばかりでなく、交流が進んだことも見落としてはならない。御家人たちの中には、東国の本領を離れて、西国に移住する者も現れた。また鎌倉幕府の執権北条泰時は律令など朝廷・公家の統治理念を学んだうえで、武家の基本法典「御成敗式《ごせいばいしき》目《もく》」をまとめた。もちろん式目は源頼朝以来の先例や東国武家社会の慣習・道徳にもとづくものであり、その対象はあくまでも武家とされていたが、次第に公家社会でも参照されるようになっていく。

室町幕府は京都を拠点とし、将軍は公家社会にも君臨したため、公家と武家との交流はさらに進んだ。しかし、なお東西の政治的分裂がとどまることはなかった。室町幕府は東国統治の出先機関として鎌倉府を組織し、その首長「鎌倉公方《くぼう》」として将軍の一族を派遣したが、鎌倉公方と京都の将軍はしばしば対立し、ついに一四三八年（永享《えいきょう》一〇）には将軍足利義教が派遣した討伐軍によって、鎌倉公方足利持氏《もちうじ》が攻め滅ぼされるに至った（永享の乱）。その後、鎌倉府は持氏の遺児成氏《しげうじ》によって再興されるものの、再び幕府と対立して、享徳《きょうとく》の乱が勃発。東国全体に戦乱が広がることになった。

実は室町幕府は一五世紀前半の段階から、「遠国《おんごく》」については、多少将軍の命令どおりにならなくても、大目に見る」方針をとっていた。すなわち、将軍の威光が全国にあまねく及ぶことをあきらめていたのである。ちなみに「遠国」とは東国や九州、四国の一部を指していた。

## †さまざまな「公」

多元性や分権性は、地域性として現れるのみではなく、あらゆる場面で見てとることができる。先に見たように、鎌倉幕府は、将軍と主従関係にある武士であっても、そのイエの問題に立ち入ることはできなかった。武士のイエ一つ一つが独立的な世界であって、その内部では家長こそが「公」権力だったのである。「公」権力が幕府や朝廷に一元化されず、さまざまな集団や階層に分有されていたのが中世社会である。

中世では、借金の帳消しや債務の破棄を命じる徳政令《とくせいれい》がしばしば発令された。徳政令のはじまりは鎌倉幕府が御家人を対象に発した永仁《えいにん》の徳政令であったが、徳政令への期待は、御家人にとどまらず、多くの人びとに広まっていった。彼らは将軍の代替わりや飢饉などの機会をとらえては、徳政令の発令を求めて徳政一揆を起こした。一四四一年（嘉吉《かきつ》元）、将軍足利義教《よしのり》が暗殺されたことをきっかけに発生した徳政一揆が、京都を包囲して圧力をかけた結果、ついに幕府から徳政令を引き出すことに成功したのはその典型である。

大島奥津島神社の嘉吉元年徳政条々定書木札（『日本史史料2　中世』岩波書店、1998）

ただし徳政一揆で注目されるのは、幕府に徳政令を要求するのみならず、自ら実力で債務破棄などを実行する私《し》徳政《とくせい》を行っていることである。徳政一揆に集ったのは、都市民や農民、武士など、さまざまな身分・階層の人びとであったが、私徳政が行われた地域では、一時的にではあれ、彼らこそが「公」権力であった。

また一三世紀の末ごろから、土地の売買など契約関係の文書に、「もしこの契約に違反した場合は、『公方』に申請して処罰してもらう」などという形で、「公方」という文言が使われるようになることも注目される。「公方」とは、将軍や朝廷を指す言葉としても知られているが、ここではそれらに限定されない。それぞれの地域で実際に契約の履行を保証し、違反者を処罰しうるものが広く「公方」と呼ばれたのである。

私徳政や「公方」の広汎な展開は、さまざまな「公」権力が存在した中世社会をよく示している。

## †自力救済と一揆

こうした多元的・分権的な社会では、現代のように役所や警察にいけば、自分の身の安全や権利は守ってもらえる、というわけにはいかない。我が身は自分で守らなければならない。自力救済の世界であるが、より正確に言えば、どのような手段をとればよいか、誰が（どこが）もっとも頼りになるか、自分で見定めなければならなかったのである。

たとえば裁判に訴える場合、中世の人びとは有利な裁定を求めて、武家の法廷、あるいは公家の法廷、さらには寺社の法廷と、複数の法廷をわたり歩くことをいとわなかった。ただし判決が出ても、それだけでは権利を守ることはできなかった。幕府の裁判では、所領関係の判決が出ると、係争地を管轄国とする守護宛てに判決の実行を命じる施行状《しぎょうじょう》が出され、さらに守護からは現地の守護代にそれを伝達する遵行状《じゅんぎょうじょう》が出されることになっていたが、これらの文書は判決を受けた者が申請しなければ発行されなかったし、宛先に届けて判決の実行を促すのも彼の役割であった。また有力者に出訴を委託する「寄沙汰《よせざた》」という方法もあった。法廷外での実力行使も期待された比叡山延暦寺の関係者は「寄沙汰」の常連であった。もちろん、法廷関係者への付け届けも欠かせなかった。

さらには、利害を共にする人びとが一致団結して目的達成にのぞむこともあった。一揆

で各地に地方権力が生まれ、地方社会が形成された時代であった。

地方社会の成長というと、中央から自立した小宇宙が地方に築かれたかのようにイメージする人も多いだろう。だが、近年の研究では、中央の政局と意外と連動していることが明らかにされている。従来、中央（京都）への従属か自立かという問いの立て方がなされがちであった。院政期に成長した「地方」の最たるものは、平泉（岩手県平泉町）を拠点とした奥州《おうしゅう》藤原氏である。事実上の独立王国を築いていたと評される一方、平泉文化は京都の「模倣」であり、京都への「従属」が強調されることもある。だが、近年の研究で明らかにされたように、奥州藤原氏の動向は、陸奥守《むつのかみ》となった院近臣などを介して、院政や摂関家、中央の政治情勢と深く結びついていた。その一方で、京都文化の導入のあり方も単純な「模倣」ではなく、時期ごとの変化をともないながら（時として「独自色」を強く出す）京都との関係をどう取り結ぶのかという主体的な「選択」がなされていた（柳原編二〇一五）。従属と自立、模倣と独自色、そして集権と分権、この一見相反する二つのベクトルが働く中で、当事者たちが如何なる「選択」をしたのかが重要である。

奥州藤原氏は、多賀城《たがじょう》（宮城県）に置かれた陸奥国の国衙から離れて、独自の支配領域を形成した。同様に、越後国の城《じょう》氏も、越後国北部を拠点に、国衙から相対的に自立した地方権力となった。このような独自の地方権力は研究上「一国棟梁《いっこくとうりょう》」と呼ばれることがある。一方、諸国の在庁官人層は知行国制や荘園制の土台になるとともに、独自に京都の権門と関係を結び、必ずしも知行国主・国司の意のままには動かなくなっていた。さらに京都における活動を通じて、周辺・他地域の武士と、横のつながりを形成していた。鎌倉期の軍記『曽我物語《そがものがたり》』には駿河・伊豆・相模の武士団が、国をまたいで婚姻関係を結び、祭礼や巻狩《まきがり》などで結集していた様相が描かれている（石井進『中世武士団』、保立道久『中世の国土高権と天皇・武家』校倉書房、二〇一五）。必ずしも国衙に収斂しないかたちで、地方武士のネットワークが生まれていた。

院政期の地方社会は、地方ごとの地域色をみせていた。とりわけ東国は、平安前期以来、東北地方の「蝦夷《えぞ》」征討の後背地であり、鎮守府《ちんじゆふ》将軍として東北に赴く軍事貴族とその子孫が住みつき、有力な武士団を形成していた。そして、武士団同士の紛争の調停者として河内《かわち》源氏（とりわけ源義朝《みなもとのよしとも》）が南関東で武家の棟梁として権威を築いた。義朝の子であった頼朝《よりとも》が東国（南関東）で挙兵し、それが成功したために東国は鎌倉幕府の地盤となった。

### ✝全国規模の内乱へ——治承・寿永の内乱

このような地方社会の成長が、初めての列島規模での全国内乱の背景にある。政治史的にみれば、内乱のきっかけは、国家中枢部における権力闘争であった。摂関家領の相続問題を直接のきっかけとして後白河院と平氏は対立し、一一七九年（治承三）のクーデターによって後白河院政が停止され、高倉院政が始まった（平氏政権の第二段階）。強引な権力集中を図る平氏に、延暦寺や興福寺などの寺院勢力を含む諸権門は強く反発した。一一八〇年、後白河院皇子である以仁王《もちひとおう》の挙兵を契機として、治承・寿永の内乱が始まる。この内乱は、軍記『平家物語』などで描かれるように源平合戦（源平の戦い）として知られ、中世の人びとにも平氏と源氏の争いであるという認識はあったようである。だが、乱当初の実態としては、多様な勢力が反平氏を掲げて蜂起していたことに注意しておきたい。

以仁王の庇護者であった八条院《はちじょういん》の荘園を拠点とした武士たちが反平氏で挙兵した。源頼朝も後白河・八条院との連携によって挙兵した可能性が高いことが指摘されている。内乱の全国的拡大の様相については議論があるが（川合一九九六）、荘園制を媒介にしながら、京都の権門と地方武士との間に結ばれたネットワークが、内乱の全国的拡大の一背景にあった。

内乱を勝ちぬいた鎌倉幕府は、一一八五年（元暦二）に平氏を滅ぼすだけではなく、一一八九年（文治五）の奥州合戦に至るまで、奥州藤原氏をはじめとする各地の地域権力を圧殺した。院政期には各地で地方権力が成長したが、鎌倉幕府の成立は、東国武士による他地域の征服という一面をもつ。最近では小川弘和氏が九州地域で検討を加えているが

(『中世的九州の形成』高志書院、二〇一六)、院政期から鎌倉期へ、中央の政治史とどう関わりながら、各地の地方社会がどのように展開し、その後の列島社会にどのような影響を残したのか、なお研究の余地は大きいのである。

## ✝分裂と統合《二つの旋律》

「権門体制」と評される統合の仕組みが生まれながらも、分裂のベクトルは強まり、院政期の歴史は、全国内乱と鎌倉幕府の成立に帰結した。分裂と統合、この一見矛盾した《二つの旋律》(石井進)が日本中世を特徴づけたが、その始まりは院政期にあった。

国家中枢における諸権門の分立は、ある荘園の下司が別の神社の神人身分をもつなど、人びとが従属する権門を複数もち、その都度、様々な「縁」を利用して自らに有利な権門を「選択」し、寄進や訴訟を行うことを可能とした(こうして「権門裁判」の領域が広がったことについては、拙著『日本中世初期の文書と訴訟』山川出版社、二〇一二)。院政期の社会は一種の流動性をもったが、人びとが多様なつながりをもったため、強力な地方権力が成長しにくかったことにも注意したい。分裂と流動性が統合を下支えする一面があった。武家政権の成長が、分裂と統合のバランスをどのように変えていくのかは、第3講以降を読まれたい。

国家中枢の変化から中世という時代の始まりを捉える立場からは、摂関期(藤原道長の時

第3講

# 日宋・日元貿易の展開

榎本 渉

## †日宋・日元貿易への着目以前

日本対外関係史研究の中でも、たとえば古代の遣隋使・遣唐使などは、重要な研究テーマの一つとして市民権を得ていると言ってよい。ただこれら外交使節の研究が重視されてきた理由の一つとしては、古代日本国家の成立と展開の背景として対外的契機を重視する議論がある（石母田正『日本の古代国家』岩波書店、一九七一）。逆に国家史の展開と連動しなくなった時代の対外関係への関心は、概して低いものだった。たとえば「八九四年、遣唐使の廃止」が長く初等教育における暗記事項の一つとされてきたのは、対外関係が国家史を規定する条件として重視されてきたことの反映である。かつては遣唐使廃止を機に日本で中国の影響を脱した国制・文化が形成されたという理解が広く行われ（ただし遣唐使廃止という事実の真偽も含めて、この理解は現在の研究状況では成立しない）、したがってその後の対外関

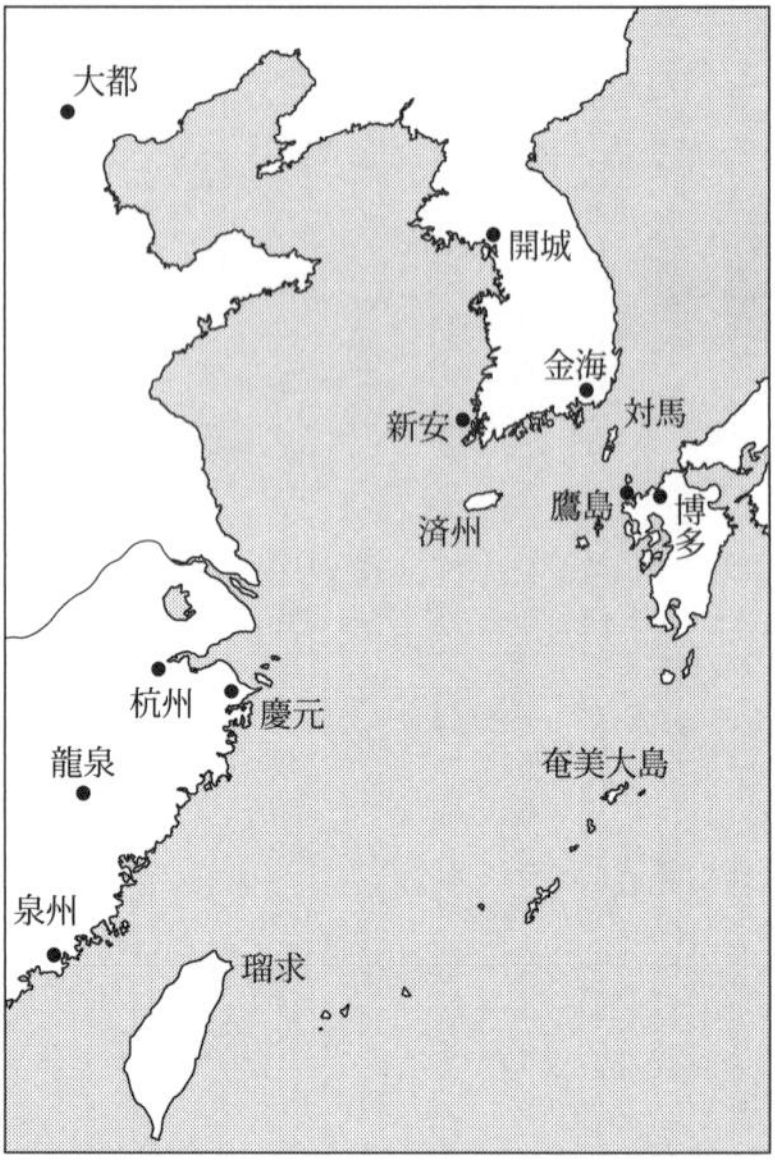

東アジア地図

係に関心を向ける動機は、研究者にはほとんどなかった。

国制・文化の面で、遣唐使の派遣が見られなくなった十世紀が、大きな転機であることは事実である。だが一方で、この頃に対外交流が杜絶したわけでは決してない。これ以前の九世紀から、日本に来航する外国海商によって貿易は継続的に行われており、その頻度はむしろ遣唐使によるものよりも大きかった。しかし平安時代の貿易に関する認識は一般に薄く、平清盛が日宋貿易を始めたというような通俗的な語りすら通用していた。こうした状況は鎌倉・南北朝期の貿易についても同様であり、一九七〇年代まではほとんど専論が存在しない。前期倭寇以前の中世対外関係史について取り上げられるトピックは、かつてはほぼ平氏政権と蒙古襲来に限定されていた。

もっともこれは研究者の関心の問題だけでなく、史料的限界の問題もあった。平安中期から南北朝前期には遣唐使・遣明使のような定期的な国家使節の往来がなく、交流を担ったのはほぼ中国と九州（主に慶元と博多）を往来する民間貿易船だった。こうした地方の経済活動が中央の史料に記録されることは多くない。十〜十二世紀においては、日本来航の海商は天皇の許可を得て初めて貿易が許可されたため、京都での審議過程が公家の日記に記されることもあるが、十二世紀後半以後はそうした手続きも行われず、京都や鎌倉の史書・日記には関連記事がほとんど見られなくなる。そのため特に鎌倉・南北朝期の文献史学研究者にとって、日宋・日元貿易は不可知の世界であり続けたのである。

## †考古学の成果

こうした状況を大きく変えたのが、一九七〇年代以後の考古学の成果だった。その一つに、一九七七年に始まった福岡市営地下鉄の工事があり、また一九八七年に始まった福岡平和台球場の工事がある。前者により平安後期〜戦国期の国際貿易港跡である博多遺跡群の調査が進められ、後者により古代の外交使節・海商の滞在施設である大宰府鴻臚館《こうろかん》の跡が発見された。両者では豊富な船載品や遺構が発掘されているが、特に平安・鎌倉時代にもたらされた輸入陶磁器は数万〜数十万片規模で出土している。これは全国的にまったく類例を見ない、隔絶した規模である。

さらに一九七六年には、韓国新安《シナン》沖で一艘の沈没船が引き上げられた（新安沈船）。この船については後述するが、前近代の日中貿易船の唯一の現存例であり、日元貿易の具体像を知る上でこれ以上ない資料である。この頃から中国・韓国では相次いで沈没船が発見されているし、日本でも二〇〇〇年代には長崎県鷹島《たかしま》海底遺跡で、弘安の役における元の軍船が複数引き上げられた。さらに船体は見つかっていないが、一九九〇年代に調査された鹿児島県奄美大島の倉木崎海底遺跡では、十二～十三世紀の中国製陶磁器片がまとまって発見されている。

以上の成果がまとめられるまでは時間を要し、その多くは現在も調査・整理・保存処理の最中にある。だが貿易における大宰府鴻臚館・博多津の重要性は疑いようのない事実として、早い段階で明らかにされており、研究者たちはこれらの遺跡・遺物の歴史的位置付けを検討する必要に迫られた。特に発掘現場にいた考古学者の反応は早く、一九八〇年に貿易陶磁研究会が発足したように、輸入陶磁器の研究も本格化したが、やがて文献史学の側でも少し遅れて、日宋・日元貿易の再検討が始められることになった。

## †博多綱首の存在形態

平安・鎌倉期の博多について、すでに文献史料からは、十一世紀末以来博多に宋海商が居住していたことが知られていたが、亀井明德・川添昭二など九州在住の考古学者・文献史学者たちは、彼らの活動を改めて日本史または東アジア史の中に位置づけることを試み、それによって国際貿易港という博多の評価が固まっていった（亀井「日宋貿易関係の展開」『岩波講座日本通史　第6巻古代5』岩波書店、一九九五、川添「鎌倉初期の対外関係と博多」『鎖国日本と国際交流』上巻、吉川弘文館、一九八八など）。なお現在では南九州経由の貿易の位置付けについても議論が行われているが、本講では中心となった博多の貿易に焦点を絞って論じることにしたい。

平安後期〜鎌倉前期に博多を拠点として貿易に従事した宋海商は、研究史上、博多綱首《はかたごうしゅ》と呼ばれている（綱首は貿易船の船長の称）。彼らは鎌倉前期には、九州の寺社や荘園と帰属関係を結んでいた。これは平安末期に大宰府の公的貿易管理（＝公的な取引環境の保全）が消滅したことを承けて、海商が現地の有力者との間に関係を作って自らの安全確保を図ったものだろう。また中央の大寺社や権門は、九州の寺社を末寺・末社化したり、博多近辺の荘園を獲得したりすることにより、貿易に関与するツテを得る。これによって博多綱首、九州の寺社・荘園、中央の大寺社・権門の三者が組織的に接続し、効率的な貿易品の流通が実現することになった。輸入陶磁器出土地の分布を見ても、鎌倉時代には博多や京都の周辺に限らず、全国的に拡大する傾向を見出すことができる。船載品は博多から中央（畿内・鎌倉）に単線的に運ばれるだけでなく、全国の流通網にも乗って広がった。

博多綱首の一人に張光安《ちょうこうあん》という者がいる。詳しい事情は不明だが、一二一八年に筑前国筥崎《はこざき》八幡宮の留守の親子によって、博多で殺害されたことが知られる。彼は大宰府大山寺《だいせんじ》の神人《じにん》の身分を持ち、通事（通訳）・船頭を務めていた。大山寺の本寺である比叡山はこの事件を受け、筥崎宮の本社に当たる石清水《いわしみず》八幡宮の別当の身柄を比叡山に差し出すことと、博多と筥崎宮を比叡山領とすることを、後鳥羽上皇に要求した（要求は認められず）。この件からは、博多綱首が九州の寺院に属し、さらに中央の本寺のバックアップも受けていたことを知ることができよう。

こうした形態の貿易を、「博多における権門貿易」と呼ぶことがある（林文理「博多綱首の歴史的位置」『古代中世の社会と国家』清文堂、一九九八）。当該期の貿易は、日宋間を往来する博多綱首と日本国内の交易集団の連携・分業によって担われたが、貿易の主体は両者を組織して調整・統括した中央の権門勢家《せいけ》や博多周辺の寺社の側だったとされる。宋元代の海上貿易においても、大商人自身は船に乗り込まず、船や船員をチャーターして派遣したり出資したりするケースが多く、その点で博多綱首の保護者・出資者の位置にあった寺社・権門側の重要性はたしかに留意しなくてはならない。

ただ日宋貿易において、上からの組織という側面だけを強調するのもまた不可である。彼らはあくまでも日本で貿易を行うための利便性を確保するために寺社・権門と関係を結んでいるにすぎず、その点では海商側が寺社・権門を選択しているという側面もあったはずだからである。

たとえば張光安は大山寺神人《じにん》であると同時に、筥崎宮の神人でもあったとされ、「我方(石清水側)の物を我方に殺さしむるは自業自得か」とも言われている(『石清水文書』)。比叡山は朝廷に主張を通すために、張光安と大山寺の関係を強調したが、張光安は実際には複数の勢力と関係を持ちながら活動していた。博多綱首は必ずしも特定の寺社・権門に専属する存在ではなく、有力な者は複数の勢力と関係を持つだけの自律性を存していたと見られる。

なお張光安事件と同年の一二一八年、「通事船頭綱首秀安」と肥前国神崎 荘《かんざきのしょう》荘官らが、大宰府先使《さきつかい》と筥崎宮雑掌《ざつしょう》を痛めつける事件があった。「秀安」は「光安」の誤写か一族の可能性が指摘されているが、それはともかく、博多綱首は博多周辺の勢力の中のある者と結び、ある者と対立することがあった。これも彼らの自律性を示すものと考えられよう。

## †日宋貿易から日元貿易へ

日宋貿易はその最末期まで盛況を続けた。華北で金が滅亡した一二三四年以後、南宋はモンゴルと国境を接したが、先行する遼・金と異なりモンゴルとの間には盟約関係を結ぶことができず、終始臨戦態勢を採らざるを得なかった。特に一二五〇年代後半には、モンゴルが高麗（朝鮮半島）・大理（雲南）・大越（北ヴェトナム）など南宋周辺諸国を次々と降していく。そのような中で、海を通じて貿易関係にあった日本の重要性が南宋で認識されて貿易優遇措置も採られ、交流はさらに活発になった。一二五〇年代には南宋の官人によって、倭船が毎年四〇～五〇艘以上来航して、禁輸品の銅銭を密輸していることが述べられている（包恢《ほうかい》『敝帚藁略《へいそうこうりゃく》』）。倭船来航の害の大きさを説く文脈で語られていることを考えると数字は鵜呑みにできないが、日宋間で毎年複数の船が往来する状況があったことは認めてよいだろう。十年またはそれ以上の間隔で派遣された遣唐使・遣明使と比べれば、比較にならない頻度である。

ところが南宋も一二七〇年代には、最期を迎える。一二七四年、元（モンゴル）のクビライ＝カアンは南宋・日本に向けて、相次いで軍隊を派遣する。日本は運良くこれを撃退することができたが（文永の役）、南宋は一二七六年に降伏し、残存勢力はなお抵抗を続けるが、一二七九年までに殲滅された。日宋貿易船の行先である慶元（今の浙江省寧波市）も元の支配下に入ったことで、日本の貿易相手国が軍事的対立国に交代することになった。

元は南宋制圧以前からクビライ崩御後まで、日本に対して十二次にわたり遣使して服属を求めたが、日本がこれに応じることはなく、一二八一年の元・高麗連合軍の遠征も撃退した（弘安の役）。この間、日元間では貿易船の往来が行われた時期もあるが、日宋貿易ほどの頻度には達しなかった。これに伴い、貿易船を利用した僧侶の往来事例も激減する。元はしばしば海上貿易の振興を目指したとされ、日本・東南アジアに向けた海上軍事遠征についても経済的な意図が強調されるが、元側の意図はともかくとして、日本はこれを歓迎しなかったし、その積極的な対外政策は結果として軍事的な緊張を生み、貿易・交流を抑える役割を果たした。

一二九四年に元の指導者がクビライから孫のテムルに替わると、この状況は変化する。テムルは海外遠征を主張する廷臣・将軍の意見を採用せず、改めてインド・東南アジア・日本の諸国に使者を派遣して朝貢を促した。インド・東南アジア諸国はこれを承けて朝貢使を派遣している。テムルはクビライと異なり、これら諸国に対して文武官の派遣や軍糧の供出要求を伴う実質的な服属関係は求めず、以後は形式的な服属関係（実質的には貿易関係）が定着する。しかし日本のみはこの段階でも元の招諭に応じることなく、使者も帰すことはなかった（榎本渉「テムルの日本招諭と一山一寧・燕公楠」『史学研究』三〇〇、二〇一八）。ここに日本は、元に対して不臣を貫く唯一の近隣国として、元末に及ぶことになる。

これに対してテムルは一三〇二年頃から、慶元の警備を強化した上で、日本の貿易船を受け入れる体制を整える。服属の有無は措いた上で、実際に求めるものを得る現実的な路線が採用されたことになる。ここに末期日宋貿易の盛況は復活した。ただ現場の慶元では日本船に対して不当な対応が行われることもあり、不満を抱いた日本側の商人が時に暴動を起こし、慶元側が警戒心を高めるという、負の連鎖も起こった。貿易の中断もしばしば見られた。特に一三三五年には、慶元から帰国途上の倭船による略奪行為が問題となり、元で対日貿易が禁止されている。一三四二年に室町幕府が派遣した天龍寺船《てんりゅうじふね》は十月に慶元に到着するも、この措置によって入港を認められず、乗員は船上で年を越すこととなった。結局翌年の入港許可とともに貿易は解禁されたが、それまで貿易禁止期間は八年に及んだ。かつての軍事衝突とその後の講和不成立は、貿易関係にも影を落としていた。

## †新安沈船の時代

蒙古襲来前後の時期をはさみ、末期日宋貿易の時代と日元貿易の時代を比べると、史料上である変化が見られる。前者の時代では、寺社・権門と関係を結んだ博多綱首の活動が見出されるのに対し、後者の時代では、海商の具体例がほとんど挙げられなくなるのである。これについては様々な解釈が提示されているが、蒙古襲来前後の軍事的緊張や、その後の不安定な貿易状況は、背景として想定されて良い。継続的な貿易を前提とした日宋貿易期の関係は、この時期にいったん解消されざるを得なかったのではないか。既述の天龍寺船の場合、北朝朝廷での議論を経て派遣が決定されると、天龍寺住持の夢窓疎石《むそうそせき》から推挙された至本なる海商を、足利直義《あしかがただよし》が綱司《ごうし》（綱首と同じく貿易船の船長）に任命し、至本はこれに対して、帰国後に天龍寺に現銭五千貫を納めることを約束する請文《うけぶみ》を提出した。この場合、室町幕府と海商は明らかに単発契約である。この頃の寺社・権門は、貿易船を派遣するたびに契約可能な海商を探すという形を採っていた可能性がある。

この時代の貿易の実態を考える上で稀有な素材は、冒頭で触れた新安沈船である。この船からは三六四点の荷札木簡や、大量の商品・生活用具が発見されているが、その分析から、一三二三年に慶元で商品を詰め込んで博多に向かい、途上で沈没したことが明らかになっている。船体は全長三四メートルと推定され、竜骨・隔壁などを伴う中国式のジャンク船である。日元貿易がジャンクによって担われることがあったことが分かり、その場合は日宋貿易期から引き続き、中国系の航海技術が用いられていたことになる。

ただ一三一五年には鎌倉極楽寺の円琳房《えんりんぼう》全玄が、入元船を作るために筑紫に下向《げこう》している（『金沢文庫古文書』）。この船が和船だとすれば、日元貿易ではジャンクと和船がともに用いられていたことになろう。ただし日本で作られる船がすべて和船で、ジャンクはすべて中国で作られるというのも一つの思い込みに過ぎず、ジャンクの造船技術が日本にも伝わっていたと考える余地もあるだろう。

### †新安沈船引き上げ遺物から考える

新安沈船の荷札木簡からは、積荷の権利者を知ることができる。四割以上は京都東福寺か綱司の名義であり、木簡にはそれぞれ「東福寺公物」「綱司私」などと書かれている。「公」「私」は明らかに対応関係にある。この船は東福寺の名義で派遣され、綱司がその派船を請け負ったもので、積荷のかなりの部分（木簡の枚数では四割以上）が東福寺に納入されるか、綱司の収入になったものと考えられる。天龍寺船の例で言えば、天龍寺が「公」、至本が「私」の関係である。天龍寺船では実質的な派遣主として天龍寺の外護者《げごしゃ》である室町幕府（または足利氏）がいたが、新安沈船の場合にその位置にあったのは東福寺外護者の位置にある摂関家だろう。船は博多で準備されて出航したと考えられ、木簡の中には博多承天寺釣寂庵《じょうてんじちょうじゃくあん》名義のものや筥崎八幡宮への奉加銭《ほうがせん》名義のものなど、博多港近辺と関わるものも見られる。承天寺は東福寺の末寺であり、出港地博多現地で派船に関わっていたのだろう。中央の大寺社が博多周辺の末寺・末社を通じて貿易に関与するという日宋貿易期の基本的な形は、この時代にも生きていた。荷札木簡には以上の他にも様々な名義のものがあり、多様な便乗者・商品委託者の関与が推定できる。

積荷には香木・金属器・インゴットなど多様なものが含まれ、それぞれについて論点が提示されているが、ここではその中で二つだけ取り上げたい。一つは銅銭（大部分は北宋銭）で、八百万枚（八千貫）を越える量が引き上げられている。銅銭は日宋貿易でも密輸されていたが、日元貿易でも大々的に日本に持ち込まれていたことが分かる。北宋銭は鎌倉時代を通じて日本列島で流通を拡大し続け、鎌倉末期に基軸通貨としての地位を確立する。こうした中国銭（もしくはその模鋳銭《もちゆうせん》）を基軸通貨とする中世日本の貨幣体系の確立において、当然のことではあるが、日宋・日元貿易船が重要な役割を果たしていたことを確認することができる。なお南宋の記録には、一艘の日本船から二万貫の密輸銭を押収した事例が

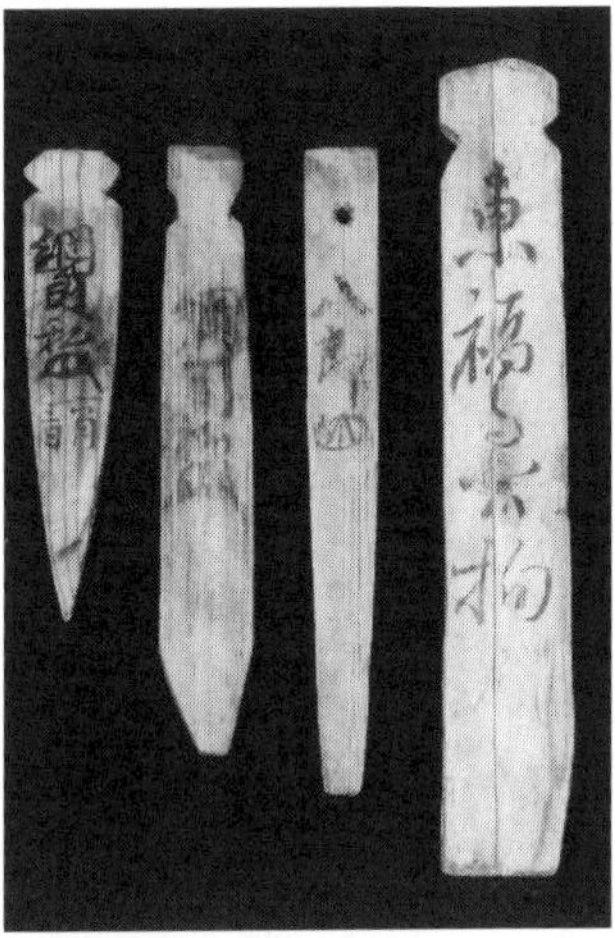
新安沈船荷札木簡（国立歴史民俗博物館図録『東アジア中世海道』2005）

見え、新安沈船引き上げ分を大きく上回る量の銭が貿易船に積み込まれることもあったらしい（新安沈船についても、実際の積載総量は不明である）。

出土遺物中でも美術的価値が高いのは陶磁器で、二万点以上に及ぶ。過半を占めるのは慶元近くの龍泉窯《りゅうせんよう》産の青磁だが、他にも河北から広東まで多様な器種が含まれ、元国内の流通網を通じて慶元に集められ搭載されたと見られる。さらに数は多くないが、南宋期の建盞《けんさん》・砧青磁《きぬたせいじ》や高麗青磁などのアンティークも見られる。これらはたまたま慶元で流通していたものではなく、日本側の需要に応じて収集されたものと見るべきだろう（森達也「韓国と中国の水中遺跡をめぐって」『水中遺跡の歴史学』山川出版社、二〇一八）。日元貿易の取引品が、日本側の文化的嗜好に規定されていたことを知ることができる。

特定の文化的価値観に基づいて文物を選別するためには、全面的に海商に委託するだけでなく、必要な文物を判断できる目利きの能力を持つ者を派遣することも有効である。南宋・元代は前近代においてもっとも多くの日本僧が渡航した時代で、偶然判明するものだけでも、数百人の名前を挙げることができる。その中には寺院・権門の使僧《しそう》として、文物選別の任を負わされた者も含まれていただろう（先に挙げた全玄もその一人か）。彼らが日本に請来《しょうらい》したと考えられるものとしては、陶磁器の他に書画・書籍・繊維製品等もあり、今も各処の寺院に什物《じゅうもつ》として伝わっている。これらは新安沈船引き上げ遺物の中に一点も見出されないが、陶磁器と異なり、海中で七世紀の長きを耐えることができなかったのだろう。

**さらに詳しく知るための参考文献**

榎本渉『僧侶と海商たちの東シナ海　シリーズ選書日本中世史4』（講談社選書メチエ、二〇一〇）……平安〜南北朝時代を中心に、日中間を行き来した人々の活動を取り上げた本。

大庭康時・佐伯弘次・菅波正人・田上勇一郎編『中世都市・博多を掘る』（海鳥社、二〇〇八）……貿易港博多の発掘成果を豊富な図版で紹介し、その歴史についても様々な視点から論じている。

木宮泰彦『日華文化交流史』（冨山房、一九五五）……初版は一九二六〜二七年だが、前近代を通じた網羅的な記述は今もなお有用なところが少なくない。入宋・入元僧一覧表も含む。

佐藤信編『水中遺跡の歴史学』（山川出版社、二〇一八）……日本・海外の水中考古学の現状について論じる諸論考を収める。

山川均『石造物が語る中世職能集団』（山川出版社、二〇〇六）……近年議論の盛んな中国系石造物研究に関するものの中から、入手しやすいものを一冊。

## コラム2　鎌倉文化と宋元文化

榎本　渉

鎌倉文化の顕著な特色として、宋元文化の強い影響がある。伝統的な文化史研究ではあまり強調されてこなかったが、近年はその重要性につき、日宋・日元間の活発な交通を自覚した上で、仏教・美術・技術・文学など様々な分野で具体的に論じられるようになってきた。宋元文化の媒介者としては、貿易船で渡航し現地の生活習慣や文化を体得して帰国した日本僧や、宋元の仏教文化を紹介した渡来僧の他、捕虜・亡命者を含む中国系移民もいた。

鎌倉文化の展開における彼らの関与を示す一例として、鎌倉末期の僧医梶原性全《かじわらしょうぜん》（浄観《じょうかん》房《ぼう》）の著『頓医抄《とんいしょう》』『万安方《まんあんぼう》』を見てみると、ほぼ同時代に刊行された元の医書が利用されている他、三河実相寺の入宋僧導生《どうしょう》が伝えた薬の調合法も記されている。また性全は、宋人から医術を習伝したと自ら述べており、渡来人に直接接触していたと見られる。さらに『万安方』の奥書には、宋人道広が清書を行なった旨を記したものがある。道広は元人の助手だろうか。このように性全は、船載医書・入宋僧・渡来人など様々なツテを通じ、同時代の医学情報を得ていた。それが可能だったのが、鎌倉時代だったのである。

当該期日本の宋元文化受容の早さ・深さ・広がりについては、医学史に限らず様々な研究成果が陸続と明らかにしているところで、鎌倉文化に現れた宋風の諸要素は、今や単なる物珍しい例外とはいえなくなっている。宋風文化は、今後中世史の叙述において、大きな更新が見込まれるテーマの一つだろう。

# 第4講　武家政権の展開

西田友広

## †武家政権とは何か

武家政権と聞いて一般に思い浮かべられるのは、いわゆる幕府であろう。ただし、武家政権が全て幕府とは言えない。幕府を開かなかった織田信長や豊臣秀吉の政権も武家政権の内に数えられよう。逆に武家政権の首長が常に武家であったわけでもない。鎌倉幕府の将軍は、源頼朝・頼家・実朝の源氏三代の後は、摂関家・天皇家の出身であった。とすると、武家政権とは武家が中心となって形成された政権ということになる。

ところで中世、特にその前期においては、武家政権とは、朝廷すなわち公家政権と対置される存在である。現代の政権という言葉のイメージからすると違和感があるかもしれないが、中世の日本には複数の政権が存在した。現在の日本の国土の中でも、沖縄は琉球という別の国家を形成し、北海道もまだ「日本六十六カ国」の内には含まれていない。「日本六十六カ国」の中でも、朝廷・鎌倉幕府の他に、奥州藤原氏の権力を平泉政権と評価する見方も存在する。また、武家政権は日本独自の存在とも言えない。高麗《こうらい》にも武家政権(武臣政権と表現することが多い)の時代があり、武家政権を、より一般的に軍事政権と言い換えるならば、さらにその例は増えることになろう。

では、そもそも政権とはなんだろうか。『日本国語大辞典　第二版』(小学館、二〇〇二、第二刷)によれば、政権とは「政府を構成して政治の運用にあたる権力」とある。政府のあり方も、政治のあり方も、国や時代によって異なるが、政府とは政治によって決定された政策を実現させるための機関であり、政治とはある集団に属する人々の利害を調整し、集団の意思(政策)を決定し、それを実現すること、と言うことができる。政権とは、集団内の利害を調整し、その意思(政策)を決定し、それを実現するための機関(政府)を組織して、集団を治める権力ということになる。なお、前近代においては、行政府・立法府・司法府は分離しておらず、その総体が政府となる。

では、武家とは何か。これも『日本国語大辞典』(同前)によれば「武士の家筋」とあるが、武家のあり方もまた、時代によって異なる。詳しくは後で述べるが、本講で扱う武家とは、武力の行使を家業とする家であり、その集合体としての社会集団と言うことができる。

このように考えてくると、武家政権とは、武家出身者が政府を組織し、政治を行う権力ということになる。そして、「武家政権の展開」を表題とする本講の課題とは、武家出身者が、どのようにして政府を組織し、政治を行う権力となったのか、またその権力がどのように変化していったのかを明らかにすること、となる。

## †武家の成立

かつては武家政権と言えば、鎌倉幕府に始まると考えられていた。また、鎌倉幕府は東国を中心とする地方社会から生まれた在地領主としての武士が、京都の貴族政権と対抗し、これを克服して、新しい社会を作り出したものと考えられていた。しかし、現在では、武士は京都の貴族社会の中にもおり、武力行使という職能によって社会の中に位置づけられる存在と考えられるようになっている。まず、武士の登場から話を始めよう。

武士がいかに成立したかは、非常に大きな問題であり、ここでは簡単に概観するにとどめざるを得ないが、現在では地方・中央の両方から武士の発生を考えるようになっている。

地方社会では律令制下の戸籍に基づいて百姓（一般民衆）を兵士とする軍団制が、郡司の子弟を中心とする健児《こんでい》制に移行し、地方軍制の担い手は郡司一族などの有力者層へ固定化し、武士身分は国府により認定・把握されるようになる。一方、中央では衛府《えふ》の武官への就任者を輩出する家が固定化する。このように地方・中央の両方で、武力行使を家業とする家が成立する中で、地方の武士は官職・位階を求めて中央と結びつき、中央の武士は受領《ずりょう》（国司）やその郎党として地方に下り、その一部が地方の武士との婚姻などを通じて土着し、中央と地方を結ぶ武士のネットワークが成立する。こうして、文徳源氏の坂戸源氏、清和源氏の河内源氏・美濃源氏・大和源氏・摂津源氏、桓武平氏の伊勢平氏・越後平氏、藤原秀郷の子孫の秀郷流藤原氏などに連なる多くの武士の家が成立する。彼らの多くは京都と地方の両方に拠点をもち、両者を往来したり、あるいは一族で活動地域を分担したりしていた。

院政期の京都では源氏・平氏の武士が多く活動し「源氏・平氏の輩」と総称され、現職の武官であるかどうかに関わらない軍事動員が行われた。彼らの多くは兵衛尉《ひょうえのじょう》・衛門尉《えもんのじょう》など六位相当の武官となり、その一部は検非違使《けびいし》に任じられたり、五位に上って受領を歴任したりすることもあった。このような武士は研究上、京武者・軍事貴族と呼ばれている。その中で、まず成長したのが河内源氏で、源義家は院の昇殿を許されて正四位下に至り、「武士の長者」と称された。しかし河内源氏は義家以降、一族の内紛や嫡子義親《よしちか》の追討により弱体化し、義親を追討した伊勢平氏の平正盛が成長する。正盛の子の忠盛は内裏の昇殿を許され、正四位上・刑部卿《ぎょうぶきょう》と公卿《くぎょう》に迫る地位にまで昇進した。

京都で活動する「源氏・平氏の輩」が、後白河天皇・崇徳上皇のそれぞれに動員されて戦ったのが、一一五六年（保元元）に発生した保元の乱である。後白河天皇の勝利に貢献した平清盛は正四位下・安芸守から受領としては最高の播磨守へ、源義朝は従五位下・下野守から右馬権頭《うまのごんのかみ》に昇進した。貴族間の勢力争いに、武士の武力によって決着がつけられ、武士の政治的発言力が高まることとなった。

保元の乱後の国政を主導した信西《しんぜい》（藤原通憲《みちのり》）に対し、一一五九年（平治元）十二月、反信西派の藤原信頼らが蜂起し平治の乱が発生する。信西殺害直後の臨時の除目《じもく》で、源義朝は従四位下・播磨守となり、その子頼朝は右近衛将監《うこのえのしょうげん》から従五位下・右兵衛権佐《うひょうえごんのすけ》に昇進した。しかし、後白河上皇の近臣として権力を握った信頼に対し、二条天皇派の公卿たちは平清盛と結んで、信頼・義朝らの軍勢を打ち破った。義朝は東国へ下る途中に殺害され、頼朝は捕えられて伊豆国に配流《はいる》された。

**†平氏政権**

平治の乱（一一五九）で源義朝を敗死させた平清盛は最有力の武家となり、翌年には正《しょう》三位《さんみ》に叙せられて公卿となった。その後も順調に昇進し、一一六七年（仁安二）には太政大臣に任じられて官職を極めた。

清盛は太政大臣を三カ月で辞任するが、これに先立って嫡子の重盛に、東山・東海・山陽・南海諸道の賊徒の追討を命じる宣旨《せんじ》が下された。この時、重盛は従二位・権大納言《ごんだいなごん》兼春宮大夫《とうぐうだいぶ》で、武官の地位にはいない。このような高位の人物に賊徒追討が命じられることも異例であり、この宣旨により実際に重盛が具体的な追討活動を行ったわけでもない。この宣旨は、重盛を朝廷の官職とは関わりなく、全国の賊徒追討すなわち軍事・警察機能の担い手として位置づけたものと評価されている。平氏は朝廷内の官職に関わらない、武家の長としての地位を獲得したのである。

このような平氏の下で始められたのが、内裏大番役《だいりおおばんやく》であり、一一六八年（仁安三）に践祚《せんそ》（皇位を継承すること、践祚の後に即位式が行われ即位となる）した高倉天皇の御所である閑院《かんいん》内裏の警固役として組織された。平氏による内裏大番役は、国衙を介した一国単位の公役《くやく》と評価されているが、その動員形態や動員の範囲については異論も提起されている。なお里内裏《さとだいり》であった閑院内裏に対し、大内裏《だいだいり》の正内裏の警固は大内守護と呼ばれ、摂津源氏の源頼政が担っていた。

高倉天皇の践祚後、まもなく清盛は出家し、福原に引退したが、政治的な影響力は保持し続けた。また仁安三年八月の時点で見ると、重盛が権大納言、時忠が権中納言・右衛門督で検非違使別当、宗盛が参議、教盛が蔵人頭《くろうどのとう》から参議と、平氏一門が朝廷の要職にあったが、政務は後白河上皇・高倉天皇と、後白河上皇の近臣で高倉天皇の関白となっていた藤原基房《もとふさ》の合議によって行われた。

こうした状況を一変させたのが、一一七九年（治承三）の政変である。

この年、故関白藤原基実《もとざね》（基房の兄）の正室として摂関家領を管理していた清盛の娘の盛子《もりこ》が死去し、また、内大臣となっていた重盛が死去すると、後白河上皇が国政への関与を強めていった。後白河上皇は、摂関家領を基実の子である基通《もとみち》ではなく、基房の子の師《もろ》家《いえ》に相続させることとし、師家を摂関家の嫡流と位置づけた。また、重盛の知行国であった越前国を自らの院分国《いんぶんこく》とした。

平清盛像（『天子摂関御影』宮内庁蔵）

これに対し、清盛は数千騎を率いて上洛し、高倉天皇の名の下に、関白基房・権中納言師家をはじめ四十人近くが解任され、基通が関白・内大臣となった。また院分国や院近臣《いんのきんしん》の知行国が平氏の知行国となった。清盛はさらに後白河上皇を鳥羽殿に幽閉して院政を停止し、高倉天皇の親政が開始された。高倉天皇は清盛の娘婿、関白となった基通も清盛の娘婿であり、後白河上皇・基房に近い貴族が排除された朝廷は、清盛によって組織されたものと評価できる。これ以降の政務においては、高倉天皇と平氏との「内議」が大きな意味をもったとされ、ここに、平氏が組織した政府が政治を行う、平氏政権が誕生したと言えよう。平氏政権は既存の政府の組織を、自らに近い勢力で占めることにより、政権として成立したのである。

## †治承・寿永の内乱と地域社会

一一七九年（治承三）の政変によって親政を開始した高倉天皇は、翌年二月に清盛の孫である安徳天皇に譲位し、高倉院政が開始された。高倉院政の開始によって、皇位継承の可能性を失った以仁王《もちひとおう》は、源頼政と共に平氏打倒を企て、同年四月九日に平氏追討の令旨《りょうじ》を発したが、五月二十六日には以仁王・頼政らは平氏軍の攻撃によって敗死した。

以仁王の令旨が発せられてから約四カ月後、以仁王らの敗死から約三カ月が過ぎた八月十七日、平治の乱によって伊豆国に配流されていた頼朝が挙兵した。この挙兵は、以仁王の令旨に応じたというよりは、以仁王の企てを踏まえて平氏政権が諸国の源氏の追討を命じ、相模国の武士で在京していた大庭《おおば》景親《かげちか》が、伊豆国の知行国主であった頼政の目代《もくだい》として伊豆国にいた頼政の孫の有綱を追討するため、八月二日に相模国に到着したという、自らの身の危険への対応であった。頼朝らは八月二十三日から二十四日にかけての石橋山の合戦で大敗して安房国に逃れるが、同じ頃に甲斐国で武田信義が、信濃国で木曽義仲が、肥後国で菊池隆直が蜂起するなど、各地で反乱が発生した。

このような反乱の広がりの背景としては、多くの国で、武士団の競合・対立状況が存在したこと、治承三年の政変による知行国主の平氏勢力への交代にともない、競合・対立する武士団の勢力バランスに変動が発生したことが指摘されている。例えば、有力御家人となる下総《しもうさ》国の千葉氏は、平忠盛の娘婿であった千田親政《ちだちかまさ》と競合・対立しており、下総国の目代や親政との合戦の末、頼朝軍に合流した。また上総《かずさ》国の上総氏も、治承三年の政変によって上総介となった平氏の有力家人である伊藤忠清と対立していた。各地の武士たちは、それぞれのおかれた状況や利害関係に基づき、あるいは反乱軍として、あるいは鎮圧軍として、内乱に身を投じていったのである。

一方、こうした内乱から距離をおいて、独自の勢力を保持したのが陸奥《むつ》国平泉を本拠地とした奥州藤原氏である。奥州藤原氏は秀郷流藤原氏の経清と陸奥国奥六郡を治めた安倍頼時の娘との間に生まれた清衡《きよひら》に始まる。清衡は前九年合戦で父を失い、同合戦の恩賞として鎮守府将軍に任じられた出羽国の清原武則の子・武貞に引き取られるが、後三年合戦を経て、陸奥安倍氏・出羽清原氏の勢力を引き継ぐこととなった。清衡は康和年中（一〇九九〜一一〇四）に平泉に本拠地を移し、陸奥国の南端の白河関から北端の外ヶ浜に至る奥《おくの》大道《たいどう》を整備した。その後、奥州藤原氏は陸奥・出羽両国の押領使《おうりょうし》となり、秀衡は鎮守府将軍・陸奥守となる。また清衡期以来、京下りの文筆官僚を抱え、陸奥・出羽両国の「省帳・田文已下」の行政文書も掌握していた。こうした状況を鎌倉幕府と比較するならば、奥州藤原氏は平泉を拠点に陸奥・出羽両国を支配した武家政権と評価できよう。

## †鎌倉政権の成立

一一八〇年（治承四）八月に蜂起し、石橋山での敗戦と安房国への逃避行から勢力を回復した頼朝は十月七日に鎌倉に入り、ここを本拠地に定めた。頼朝は挙兵直後に行った中原知親《ともちか》の伊豆国蒲屋御厨《かばやのみくりや》支配の否定を最初として、敵方所領の没収と味方への給与、味方所領の安堵を自ら行った。頼朝は反乱軍として出発したため、こうした所領支配を自らの実力によって行ったのであり、このことが鎌倉政権の独自性・自律性の基盤となったと評価されている。頼朝は富士川合戦からの帰途、十月二十三日に、相模国府で初めて大規模な論功行賞を行うとともに、大庭景親以下の敵方の処分を行った。十一月十七日には和田義盛を別当として侍所《さむらいどころ》を設置し、十二月十二日には鎌倉に新造された御所に入った。この時、出仕した御家人は三百十一人であり、ここに頼朝は「鎌倉の主」となったという。

源頼朝像（甲斐善光寺蔵）

鎌倉を拠点に関東地方の大部分を支配する武家政権が誕生したのである。

これに対し、平氏は一一八一年（治承五）正月に宗盛が畿内近国九カ国の惣官《そうかん》に、有力家人の平盛俊が丹波国諸荘園惣下司《そうげし》に補任《ぶにん》され、兵士役や兵糧米を強力に賦課・徴収する総力的な軍事動員体制が構築された。閏二月には追討使《ついとうし》に任じられた平重衡《しげひら》が尾張国墨俣《すのまた》川で義円《ぎえん》・源行家の軍に対し大勝利を収めている。惣官・惣下司・追討使はいずれも朝廷の宣旨で任命されており、平氏の軍制は、追討使となった一族と比較的少数の平氏家人が、宣旨によって動員された兵士を率いるものであった。また恩賞の給与も朝廷の権限であり、そこに朝廷という既存の政府の中で成長し、政権を掌握した平氏政権の特徴があった。

一方、反乱軍として勢力を築いたのは頼朝だけではなく、平氏を都落ちに追い込んだのは、信濃国で挙兵し北陸道から京都に進んだ木曽義仲であった。戦線の膠着《こうちゃく》をもたらした養和の飢饉が終息に向かい始めた一一八三年（寿永二）、北陸道に派遣された平氏軍は義仲に敗北し、七月に平氏は京都を離れて西国に赴き、義仲らの軍勢が京都に入った。義仲も一一八〇年（治承四）の挙兵直後から安堵下文を発給しており、上洛後には山陰道も支配下に収めている。義仲は朝廷の命令の下、平氏追討にあたっていたが、後白河上皇と対立し、寿永二年の年末には法住寺御所を襲って後白河上皇を拘束し、摂政藤原基通を藤原師家に交替させ、四十人余りを解任した。また平氏の旧所領の知行を認めさせ、翌年正月十一日には征東大将軍に任じられた。平氏による治承三年の政変と対比するならば、ここに木曽義仲による武家政権が誕生したことになるが、義仲は二十日には源義経らによって討たれてしまった。

上洛することなく関東の掌握を進めていた頼朝は、平氏の都落ちによって平治の乱以前の位階を回復され、寿永二年十月宣旨によって東海道・東山道の支配を朝廷に認めさせた。頼朝はこの頃、挙兵以来の治承年号の使用を止め、寿永年号に切り替えている。義仲が討たれた一一八四年（寿永三）には公文所《くもんじょ》（のち、政所《まんどころ》）・問注所《もんちゅうじょ》も整備されている。一一八五年（文治元）には平氏を滅ぼして従二位になるとともに、全国に所在する平家没官領《もつかんりょう》を獲得し、さらに源義経・行家が蜂起・没落するとその追捕《ついぶ》のための軍事体制を畿内・西国に展開した。この時、頼朝は朝廷の政治にも介入し、議奏公卿が設置され、翌文治二年には頼朝の推薦により九条兼実《かねざね》が摂政となった。こうして鎌倉政権は朝廷と並ぶ全国政権となり、文治五年には奥州藤原氏を滅ぼして唯一の武家政権となった。この後、一一九〇年（建久元）には、権大納言・右近衛《うこのえ》大将に任じられ、翌年には、鎌倉政権は朝廷との関係において、全国の軍事・警察機能の担い手として、その位置づけを確立する。

この鎌倉政権は、既存の政権に対する反乱軍として誕生・成長してきたため、朝廷に対して自立性・自律性を確保していたところに、大きな特徴があった。

## †鎌倉政権の展開

全国政権となった鎌倉政権であるが、反乱軍としての戦争の中で実効支配を打ち立ててきた関東地方、寿永二年十月宣旨や木曽義仲の追討により内乱の早期から支配が行われてきた東海・東山・北陸道諸国、朝廷の意向に従わず独自に奥州藤原氏の政権を滅ぼして占領した陸奥・出羽両国からなる東国と、朝廷という既存の政府の中で政権を掌握した平氏を滅ぼしたのみで、朝廷とその支配が存続している西国とでは、その政権としての関与のあり方に大きな差があった。尾張・美濃・飛騨・加賀以西を西国とする鎌倉政権の原則は、その滅亡まで維持されるが、特に一二二一年（承久三）に発生した承久の乱後、鎌倉政権の西国への関与のあり方は変化してゆく。

承久の乱の結果、鎌倉政権は「三千余箇所」と言われる没収地を獲得し、畿内・西国にも大量の地頭職《じとうしき》が設置された。この結果、従来の荘園領主との間で、多くの紛争が発生したが、地頭職の任免権は鎌倉政権が掌握していたため、その裁決が荘園領主たちにとっても大きな影響力をもつこととなった。こうした状況の中、全国の土地は鎌倉政権が関与する武家領と、関与しない本所一円地とに再編されてゆく。また、朝廷の軍事力が崩壊した結果、治安維持の面における鎌倉政権の重要性も拡大した。特に十三世紀後半以降、荘園制の動揺の中で、その権益をめぐる紛争が激化し、武力衝突も多発するようになると、それらは「悪党」問題として鎌倉政権に対処が要請されるようになり、鎌倉政権は本所一円地にも関与するようになっていった。

このような趨勢を決定的にするきっかけとなったのが、蒙古襲来である。鎌倉政権は、全国の寺社に異国降伏の祈禱を指令し、本所一円地の住人や物資も動員・徴発した。その結果、鎌倉政権は、本所一円地がこうした命令・動員・徴発に応じられる条件整備や、それに対する恩賞を求められることとなった。こうして鎌倉政権は、武家領・本所一円地の両方、すなわち全国の土地・住人の統治に関与することとなったのである。こうした中、御家人のみならず、本所一円地の住人を含む全ての武士を鎌倉政権の下に組織しようとする試みもなされたが、結局、それが達成されることのないまま、鎌倉政権は滅亡を迎える。全ての武士を組織する武家政権は、建武政権を経て成立する室町幕府によって誕生することとなるのである。

## さらに詳しく知るための参考文献

川合康『日本中世の歴史3　源平の内乱と公武政権』（吉川弘文館、二〇〇九）……従来の鎌倉幕府成立史の理解を一新した著者による、一般向けの通史。より専門的なものとしては『鎌倉幕府成立史の研究』（校倉書房、二〇〇四）や「治承・寿永の内乱と鎌倉幕府の成立」（『岩波講座日本歴史　第6巻中世1』岩波書店、二〇一三）がある。

高橋典幸「鎌倉幕府論」（『岩波講座日本歴史　第6巻中世1』岩波書店、二〇一三）……反乱軍として誕生した鎌倉幕府が、内乱・戦争状況の中で、既存の政権である朝廷とどのような関係を取り結びながら、自らを平常時の社会体制の中に位置づけていったのかを動態的に描いている。他に鎌倉幕府を平氏政権や高麗の武臣政権と比較しながらその特質を論じ、室町幕府への展開を見通した「武家政権論と鎌倉幕府」（『鎌倉幕府軍制と御家人制』吉川弘文館、二〇〇八、初出は二〇〇三）もある。

西田友広『悪党召し捕りの中世——鎌倉幕府の治安維持』（吉川弘文館、二〇一七）……治安維持という機能に注目して鎌倉幕府の展開を叙述し、その成立を、治安維持の機能が諸権力の利権から公権力の義務へと変化してゆく過程の出発点と位置づけた。

元木泰雄『敗者の日本史5　治承・寿永の内乱と平氏』（吉川弘文館、二〇一三）……平氏の成長と栄華、衰退と滅亡を平氏の視点から描いている。

柳原敏昭編『東北の中世史1　平泉の光芒』（吉川弘文館、二〇一五）……奥州藤原氏と、その拠点となった平泉に関する最新の研究成果を分かりやすくまとめている。

# 第5講　鎌倉仏教と蒙古襲来

大塚紀弘

## †モンゴル襲来の衝撃

一二七四年（文永十一）と一二八一年（弘安四）の二度にわたって、モンゴル帝国（元）の軍が日本に来襲した。文永の役と弘安の役、合わせてモンゴル襲来である。当時の日本では、モンゴルの漢字表記から、蒙古人襲来、蒙古襲来などと呼ばれた。また、中国王朝としてのモンゴルの国号から、後世に元寇《げんこう》という呼称でも回顧されるようになった。

一二〇六年、チンギス・カーンによってモンゴル高原の遊牧部族を統合して建国されたモンゴル帝国は、代々の皇帝（大カーン）の遠征によってユーラシア大陸の東西にまたがる大帝国へと成長した。中国では、北部に金、南部に南宋の二つの王朝が並立していたが、ともにモンゴルによって滅ぼされた。モンゴル軍は一二三四年に金を滅亡させると、南宋へと侵攻するとともに、朝鮮半島にも兵を進めて高麗を政治的な支配下に置いた。

一二六〇年に皇帝となったチンギスの孫のクビライは、日本に対して通交を求めた。日本では大陸の変動を把握できておらず、一二六八年にクビライの使者がもたらした国書への対応に苦慮しながらも、守護を通じて御家人に用心するよう通達した。続いて、高麗《こうらい》から届いた文書の内容に危機感を覚えた幕府は、九州に所領を持つ御家人にモンゴル襲来に対する防備を命じた。こうした中、一二七一年にモンゴルは国号を元（大元）と定め、日本征討の準備を進めた。そして一二七四年、元軍と高麗軍から成る遠征軍が高麗の港から出航し、対馬、壱岐《いき》を経て博多湾に来襲した。守護を通じて御家人以外の武士も動員して構成された幕府軍は苦戦を強いられたが、遠征軍は突如退却した（文永の役）。

一二七五年、鎌倉幕府は、クビライが遣わした使者を斬首すると、モンゴル襲来に備えて博多湾岸に石築地《いしついじ》を整備していった。この間、モンゴルは南宋への侵攻を本格化させ、一二七六年に南宋首都の臨安（現在の杭州）を攻め落とした。南宋滅亡後の一二八一年、モンゴルの遠征軍が再び高麗から対馬、壱岐を経て博多湾に来襲し、志賀島《しかのしま》を占領して幕府軍と激しい戦闘となった。慶元（現在の寧波）などの港を出航した別の遠征軍も到着したが、台風によるとみられる荒天に壊滅的な打撃を受け、全軍が撤退した（弘安の役）。

モンゴル帝国の拡大によって、ユーラシア大陸の東西で歴史が一変し、その余波が日本に及んだのがモンゴル襲来と位置づけられる。戦闘自体は短期間で終わったが、その後もしばらく、日本は襲来の危機に備え続けなければならなかった。治承寿永《じしょうじゅえい》の内乱が終結した後、承久の乱をはさんで百年近く続いた平和な世を、モンゴルがゆるがしたのである。

## ✝神仏の「戦争動員」

モンゴルとの戦争には、武士のみならず神仏も「動員」された。神社では、神前に幣帛《へいはく》を奉って、神々に祈りが捧げられるのみならず、神々を後押しするため、僧侶によって護国経典が読誦《どくじゆ》された。寺院では、モンゴル降伏の祈禱として、顕教（密教以外の仏教の教え）の法会《ほうえ》や密教の修法《しゆほう》が行われた。戦闘のために幕府が動員した武力とともに、神祇信仰や仏教の宗教的な力にも期待がかけられたのである。

当初、このような神仏の祈禱を主導したのは、亀山上皇の主導する朝廷であった。一二六八年、まずは伊勢大神宮、石清水《いわしみず》八幡宮を始めとする京都とその周辺の二十二の神社に奉幣《ほうへい》すると、有力寺院に対して続々と顕教の法会や密教の修法を行うことを要請した。例えば東大寺では、一二八一年に大仏殿と鎮守手向山《たむけやま》八幡宮で『大般若経』『仁王経《にんのうぎょう》』が読誦された。延暦寺では、一二七一年、一二八一年、一二九三年に大熾盛光法《だいしじょうこうほう》、一二七四年に金輪法《こんりんほう》、七仏薬師法が修された。

文永の役の翌年の一二七五年、鎌倉幕府は諸国の寺社に対して、初めてモンゴル降伏の祈禱を行うことを求めた。有力寺社には直接、諸国に散在する将軍家祈禱所の寺社には、守護を通じて伝えられた。その後、虚実合わせてモンゴル襲来の報が伝えられる度に、寺社に対してモンゴル降伏の祈禱が断続的に要請された。

朝廷や幕府の依頼を受けて、モンゴル降伏の祈禱を主に担ったのは、いわゆる「鎌倉仏教」ではなく、「旧仏教」であった。神仏習合思想に基づき、「旧仏教」の有力寺院は近隣の有力神社との関係を深め、延暦寺は日吉社、祇園社、北野社、興福寺は春日社、金剛峰寺は丹生《にう》社を傘下に置くことに成功した。京都の石清水八幡宮も当時は寺院としての性格を合わせ持っており、石清水八幡宮寺とも呼ばれた。モンゴル襲来に際しては、このような寺社の神仏が「総動員」された。鎌倉時代の仏教と言えば「新仏教」が思い浮かぶかもしれないが、少なくとも祈禱に関しては「旧仏教」が圧倒したのである。

## †「鎌倉仏教」から顕密仏教へ

「鎌倉仏教」は、鎌倉時代の仏教を意味するが、一般にはこの時代に新たに登場した宗《しゅう》やその祖師、すなわち「新仏教」を指して用いられてきた。浄土宗の法然、浄土真宗の親鸞、時宗の一遍、日蓮宗（法華宗）の日蓮、臨済宗の栄西《えいさい〔ようさい〕》、曹洞宗の道元である。あるいは、「旧仏教」を革新した僧侶として、法相宗の貞慶《じょうけい》、華厳宗の明恵《みょうえ》、律宗の叡尊《えいぞん》や忍性《にんしょう》も含まれよう。だが、そもそも仏教の宗とは本来、教学の一分野を指す言葉であって、必ずしも個人あるいは集団の属性と一致する訳ではない。僧侶は様々な宗を兼学することができたし、そうした僧侶が尊敬を受けたのである。こうした宗の枠組みの抱える問題点をふまえ、一九七五年に黒田俊雄氏が提起したのが顕密体制論である（『黒田俊雄著作集 第二巻 顕密体制論』法蔵館、一九九四）。顕密体制とは、中世国家と仏教勢力の癒着構造を示す言葉で、「旧仏教」がその正統派と位置づけられた。

「顕密」は、仏教の教えを顕教と密教の二つに分類する見方に基づき、その両者を合わせた仏教全体を意味する言葉である。宗としては、真言宗が密教、奈良時代までに伝来した法相宗、華厳宗などの南都六宗に天台宗を加えた七宗が顕教に分類される。朝廷は、顕教では延暦寺、園城寺《おんじょうじ》、興福寺、東大寺の「四箇大寺《しかだいじ》」、密教では延暦寺、園城寺、東寺の「三門真言《さんもんしんごん》」と密接な関係を築いた（延暦寺、園城寺は「四箇大寺」と「三門真言」を兼ねる）。

顕密体制論で正統派とされた「旧仏教」は、顕密仏教と呼ばれ、「新仏教」を抑えて主役の座におどり出た。従来は「新仏教」の祖師の思想が非常に高く評価されてきたの対して、顕密体制論では、「旧仏教」の影響力の大きさに力点が置かれる。顕密体制論の前提には、中世の国家が荘園の領主によって構成され、天皇によって統合されていたという理解がある。古代の律令制に対し、中世は荘園制によって国家・社会が成り立っていた。そして、荘園制が確立した平安時代後期から、中世は始まったというのである。

顕密仏教の有力寺院は、荘園領主であるとともに、国家的な祈禱を担うことで、国家体制を支えた。しかも、こうした寺院の末端に連なる下級僧侶は、民衆を教化する役割を果たした。このように、平安時代後期に成立し、社会全体から支持を受けた顕密仏教こそが、中世仏教の正統派と位置づけられた。そこでは、かつて主役であった法然、親鸞、日蓮といった「新仏教」の祖師は、朝廷や幕府と対立したことから、顕密体制の枠組みを逸脱した異端派とされ、その活動の限界性が指摘される。こうした解釈を受けて、「新仏教」はもはや中世仏教の主役ではなくなり、「新仏教」を念頭に置く「鎌倉仏教」という用語の意義もまた失われる結果となったのである。

### 禅僧・律僧・念仏者

平安時代後期以来の「旧仏教」＝顕密仏教が、依然として鎌倉時代の仏教の主流だったという理解は、研究者の間で広く認められるようになった。こうした中、私が注目しているのが、僧侶たちによる新仏教運動の結果として、鎌倉時代に新たに形成された集団である。この時代には、禅僧、律僧、念仏者という、「旧仏教」＝顕密仏教とは異なる、全く新しいタイプの僧侶集団が登場した。念仏者は法然が日本独自に立てた浄土宗の僧侶たちを指すが、禅僧と律僧の集団は南宋仏教との交流によって形成された。

鎌倉時代になると、日中間を往来する「唐船」と呼ばれる貿易船に同乗して、南宋の寺院に留学する僧侶が増加していった。彼らを入宋僧《にっそうそう》という。南宋では、仏教で修行体系の根本要素とされる戒定慧《かいじょうえ》三学（持戒、禅定、智慧）のいずれを専攻するかにより、寺院は禅院（禅定）、教院（智慧）、律院（持戒）の三つに分類されていた。

鎌倉時代の初め、南宋に渡った栄西、俊芿《しゅんじょう》は、それぞれ禅院、律院および教院に留学し、寺院生活の作法を身をもって修得した。彼らに代表される入宋僧の主導によって、南宋の寺院を規範とする新仏教運動が広がっていった。それが朝廷、幕府を含めて社会的な支持を獲得した結果、日本でも南宋と同様に、それぞれ禅院、律院と呼ばれる寺院を拠点に、禅僧、律僧による僧侶集団が形成された。禅僧は禅宗を第一としたが、律僧は律宗を中心に、真言宗、天台宗、華厳宗などを兼学した。禅僧と律僧は、戒律や坐禅の重視、南宋仏教の受容といった共通点があったため、合わせて禅律僧と呼ばれた。

以上のように、モンゴル襲来前夜の日本では、平安時代以来の顕密仏教＝「旧仏教」が体制仏教として厳然と勢力を保つとともに、浄土宗の念仏者に加えて、南宋仏教の受容によって成立した禅僧、律僧が社会集団として成長しつつあった。それでは、顕密仏教以外の仏教集団は、モンゴル襲来にどのように対峙したのだろうか。

## †交流を深める日中の禅僧

一二五三年、南宋から渡来した禅僧の蘭渓道隆《らんけいどうりゅう》が、鎌倉に創建された建長寺の住持《じゅうじ》に迎えられた。一二七四年、同じく南宋から渡来した禅僧の大休正念《だいきゅうしょうねん》が建長寺住持となった。一二七八年、建長寺住持に復帰していた道隆が没すると、執権北条時宗は南宋から禅僧を招くことを計画し、道隆の門弟に書状を遣わした。これに応じて一二七九年、無《む》学祖《がくそ》元《げん》（一二二六〜八六）が渡来し、建長寺住持に任じられた。来日前、温州の雁山能仁寺にいた時、祖元はモンゴル兵に首を切られそうになったが、坐して説法を続け、動じることがなかったため助かったという。また一二八一年、モンゴル軍が博多に襲来する時期を、時宗に予言したとも伝えられる。予言は史実とは考え難いが、モンゴルに反感を持つ南宋出身の祖元は、来日後も情報収集に余念がなかったとみられる。

無学祖元像（円覚寺蔵）

一二八〇年、北条時宗が『金剛般若経』『円覚経《えんがくきょう》』などの経典を血書した際、祖元は一字一句が「神兵」と化して戦うと述べている。さらに弘安の役後の一二八二年、時宗によって鎌倉に円覚寺が造立され、祖元が開山に迎えられた。建長寺、円覚寺を始めとする禅院では、禅僧が読経などによってモンゴル降伏を祈ったはずである。一方で祖元が、戦死あるいは溺死した日本・モンゴル両国の人々を円覚寺で供養していることも注目される。

モンゴル襲来以前、南宋に出自を持つ貿易商人が博多に集住し、中国での貿易を担っており、定期的に貿易船を運航していた。一二七七年に南宋に渡航した貿易船は、戦乱の影響で貿易ができず戻ってきたが、一二七九年には計二千人余りが乗り込んだ四艘の貿易船が、早くも中国の慶元に到着している。南宋滅亡後も断続的な中断をはさみつつ貿易船の往来は続いたため、日本から多くの禅僧が留学のために中国（元）に渡海した。逆に中国からも禅僧が渡来し、例えば一二九九年にモンゴルの使者として来日した一山一寧《いっさんいちねい》は、幽閉された後に建長寺、円覚寺といった禅院の住持を務めている。禅僧の集団は、南宋滅亡やモンゴル襲来をものともせず、海を隔てた日中で交流を深めていったのである。

## 律僧叡尊の祈りと思い

モンゴル降伏の祈禱が諸国の寺社で行われる中、西大寺住持の叡尊（一二〇一〜九〇）は積極的な行動に打って出た。叡尊は戒律護持を第一とする律僧で、奈良の西大寺を律院として整備し、朝廷や幕府の要人を含む幅広い階層の人々から帰依を受けた。当時の律僧には、大きく分けて北京系、南都系の二つの系統があり、それぞれ京都の泉涌寺《せんにゅうじ》、奈良の西

叡尊像（西大寺蔵）

大寺・唐招提寺・東大寺戒壇院《かいだんいん》といった律院を本拠に勢力を広げた。一二八四年に叡尊が病床で著した自叙伝『感身学正記《かんじんがくしょうき》』から、弘安の役に至る動向をたどってみよう。

　文永の役の翌年の一二七五年、再度の襲来を危惧した叡尊は、百人以上の門弟を率いて、伊勢大神宮などの寺社に参詣し、モンゴル降伏を祈った。河内《かわち》の枚岡《ひらおか》社、摂津の住吉社では、『大般若経』『金剛般若経』の読誦、理趣三昧《りしゅざんまい》、仁王会《にんのうえ》など法会を行った。一二八一年、モンゴル襲来の報が伝えられる中、石清水八幡宮で京都と奈良の律僧が三百人余り、七日七夜にわたって密教の尊勝陀羅尼《そんしょうだらに》を称えることとなり、叡尊も門弟およそ百人を率いて参加した。その最中、神前で五百六十人余りの律僧によって、戒律の護持を確認する布薩《ふさつ》という仏事が行われた。叡尊は八幡神《はちまんしん》に対して、東風でモンゴルの兵船を吹き返すこと、人命を損なわず兵船が焼失することを祈願した。すると、大風が吹いて雷鳴が鳴るや西方へと進んだため、神に思いが伝わったと思ったという。モンゴルの兵船が全て大風で破損したことが伝えられると、五百八十人余りの律僧が石清水で一切経《いっさいきょう》を読誦した。

このように、律僧の集団が石清水に集結し、モンゴル降伏の祈りがささげられたのだが、叡尊はモンゴルの人命が損なわれ、仏教の戒律で最も重要な不殺生戒《ふせっしょうかい》を破ることにならないか心配した。一二八五年、門弟に対する説法で、一二六八年から、国土安穏のために（モンゴル降伏の）祈禱を行っているとした上で、モンゴルの悪行を挙げて、その罪業を哀れんだという。叡尊は、祖国のためにモンゴルの敗退を祈りつつ、それによって双方に生じる仏教的な罪業にも思いを致していたのである。

### †モンゴルに翻弄された日蓮

文永の役から十四年前の一二六〇年、日蓮（一二二二～八二）は、打ち続く地震、飢饉などの災害を解決する方策を探り、『法華経』『金光明最勝王経《こんこうみょうさいしょうおうきょう》』などの経典に依拠しながら『立正安国論』を執筆した。この著作で日蓮は、災害の原因は法然の教え（浄土宗の専修《せんじゅ》念仏）が広まっていることにあると主張し、これに与しないことを求めている。そして、為政者が読むことを前提に、対策を講じなければ、経典に説かれるように、日本の国土を守る善神が去り、他国から侵略を受けるであろうと警告するのである。『立正安国論』は、幕府の実権を握る北条得宗家《とくそうけ》の家長である北条時頼に上申されたが、何ら反応は得られなかった。それどころか、この著作から刺激を受けた浄土宗の念仏者との間で争いが起

日蓮像（池上本門寺蔵、『図説日本の仏教4　鎌倉仏教』新潮社、1988）

こったため、一二六一年に日蓮は幕府によって伊豆に配流《はいる》させられた。

『法華経』至上主義による教えを打ち立てた日蓮は、一二六五年を初見として、仏教勢力を「真言」「念仏」「禅」「律」の四つの枠組みでとらえ、各々に対して激しく批判を浴びせた。「真言」は先述の「三門真言」のことで、顕密仏教＝「旧仏教」とほぼ重なる枠組みであった。そして、顕密仏教に属さない僧侶集団が「念仏」「禅」「律」の三者で、それぞれ浄土宗の念仏者、禅僧、律僧の活動を念頭に置いた呼称と考えられる。

さて、伊豆配流から許されて鎌倉に戻った日蓮は、モンゴル襲来への不安が高まる中、禅僧らへの批判を強めていった。一二七〇年の書状で、中国・高麗は禅宗や念仏が広まったため、国土を守護する善神《ぜんしん》が去り、モンゴルに従属するようになったと述べている。日蓮は禅宗と念仏宗（浄土宗）の弘通《ぐづう》を、南宋敗退の原因として喧伝したのである。すると一二七一年、日蓮は律僧や念仏者の訴えを受けた幕府によって、今度は佐渡に流罪となった。一二七四年、日蓮は許されて鎌倉に戻ると、幕府によって召喚され、侍所所司の平頼綱と面談した。モンゴル襲来の時期を問われた日蓮は、当年中の来襲を予告したという。さらに「真言」すなわち顕密仏教による密教の祈禱を批判したが、当然幕府の受け入れるところとはならず、日蓮は甲斐の身延山に隠棲してしまう。ここで日蓮は、モンゴル襲来（文永の役）の報を受けるのである。

『立正安国論』で提示した予言が的中したことに自信を強めた日蓮は、モンゴルが日本に天罰を下したとしつつも、壱岐・対馬などで戦争被害者が受けた悲惨な境遇に思いを馳せた。だが、幕府が遠征軍を退却させた弘安の役について、日蓮はほとんど沈黙せざるを得なかった。他国の侵略は現実のものとはならず、国土を守護する善神が日本を去ったという日蓮の論理は、もろくも崩れ去ったのである。

### †モンゴル襲来後の「鎌倉仏教」

二度のモンゴル襲来によって、鎌倉時代の仏教はどう変わったのだろうか。モンゴル軍の退散という結果に終わったことは、武士とともに「動員」された神仏の効験と受け取られた。また、モンゴルが来襲したこと自体が、神事が停滞していることに対する神の怒りととらえられた（片岡耕平『穢れと神国の中世』講談社選書メチエ、二〇一三）。そこで朝廷や幕府は、モンゴル降伏の祈禱を担った寺社の造営を支援せざるを得なくなった。また、弘安の役から三年後の一二八四年、幕府は特に神社から流出していた所領の返還を求める方針を表明し、それへの対応にも追われることとなった。結果、神仏習合によって神社と密接な関係を結んだ「旧仏教」＝顕密仏教は、さらなる隆盛の時を迎えたのである。

律僧の集団もまた、モンゴル軍の退散に力を得て、活動を活発化させた。戒律を護持する僧侶集団としての評価が高まったことを背景に、奈良の西大寺は、朝廷や幕府の支援を受け、国分寺の復興を担うなどして、諸国に末寺を増加させていった。このように、律僧の集団は、モンゴル襲来を受けて体制仏教としての性格を強めたのである。

一方、禅僧の集団は、モンゴルの侵攻によって滅亡した南宋の禅院を規範として形成されたため、南宋と不可分の存在ととらえられた。例えば、一二九五年頃の『天狗草紙』には、禅宗が盛んになったため南宋が滅亡したとあり、一三〇八年に興福寺は、南宋の滅亡を根拠に、禅宗の弘通は亡国につながると主張している。だが、幕府の多大な支援を受けた禅僧の集団は、中国（元）の禅院との関係を絶つことはなく、北条得宗家に追随して御家人たちも菩提寺として禅院を多く選択するようになった。また、中国から五山《ござん》制度が導入され、朝廷や幕府のための祈禱を担うことで、体制仏教の座を勝ち得ていった。

それに対して、法然の門流（浄土宗の念仏者）は、称名《しょうみょう》念仏による極楽往生を第一としたため、モンゴル降伏の祈禱を担うことはなかった。だが、阿弥陀浄土信仰の浸透を背景に、一遍の門流の時衆《じしゅ》（時宗）とともに、着実に勢力を伸ばしていった。ただ、日蓮の門流（法華宗・日蓮宗）、親鸞の門流（浄土真宗）、そして道元の門流（曹洞宗）が、多くの人々の支持を獲得するのは、室町時代後期（戦国時代）を待たねばならなかった。

以上のように、モンゴル襲来は鎌倉時代の仏教を一変させこそしなかったが、顕密仏教＝「旧仏教」に加えて、禅僧や律僧の集団（私は両者を合わせて禅律仏教と呼ぶ）が体制仏教として成長するきっかけとなったのである。

**さらに詳しく知るための参考文献**

相田二郎『増補版　蒙古襲来の研究』（吉川弘文館、一九八二。初出一九五八）……モンゴル襲来に関する代表的な著作の一つで、モンゴル降伏の祈禱を網羅的に取り上げる。

海津一朗『神風と悪党の世紀――南北朝時代を読み直す』（講談社現代新書、一九九五）……モンゴル襲来に伴う神国思想の高まりを軸に、建武政権の樹立へと至る社会変動を描き出す。

村井章介『北条時宗と蒙古襲来――時代・世界・個人を読む』（ＮＨＫブックス、二〇〇一）……モンゴル襲来に立ち向かった若き時宗の人物像に肉薄し、禅宗との関わりにも言及する。

大塚紀弘『中世禅律仏教論』（山川出版社、二〇〇九）……中世仏教の全体像を理解するために、禅律仏教という枠組みを顕密仏教に対置するのが有効であることを示す。

服部英雄『蒙古襲来と神風――中世の対外戦争の真実』（中公新書、二〇一七）……モンゴル襲来に関する通説を再検証した上で、絵巻『蒙古襲来絵詞』を分析し、新たな歴史像を提示する。

## コラム3　モンゴル襲来を機に律僧となった武士

大塚紀弘

広島県尾道市、瀬戸内海の尾道水道を望む高台に、浄土寺という真言宗泉涌寺《せんにゅうじ》派の寺院がある。モンゴル襲来の後、浄土寺を律院として整備した定証《じょうしょう》の出自は、紀伊の池田荘を本拠とする武士（御家人）の武藤氏であった（苅米一志「地頭御家人における信仰の基本的特質」『日本文化研究』一三、二〇〇二）。定証が晩年、人生を回顧して書き残した文章が浄土寺に残っており、次のようなことが分かる。一二七四年、京都の六波羅に出仕していた折、いくら富み栄える武士でも、不殺生戒を破れば地獄に堕ちることに思い至り、出家を決意した。文永の役からひと月ほど後、西大寺で叡尊に面会し、一人息子なので親に孝を尽すには家督を相続せざるを得ないという悩みを告げたところ、出家でしか恩は返せないと諭された。こうして三十代にして出家して律僧に転じた定証は、弘安の役から二年後の一二八三年、故郷の池田荘に律院の金剛寺を創建した。さらに一二九八年、教えを広めるため船で九州へと向かい、瀬戸内海随一の港町である尾道に立ち寄ったところ、浄土寺に住持として迎えられた。

モンゴル襲来を受けて、仏教の不殺生戒を強く自覚したことが、一人の武士を律僧としての後半生へと向かわせたことがうかがえよう。浄土寺の有力な支援者には、備後の大田荘を拠点とする武士（非御家人）の久代《くしろ》淵信がおり、金融業を営んで荘園経営に実績を上げ、権勢を誇っていた。モンゴル襲来に貨幣経済の爛熟が相まって、武士の間で貧富の格差が広がる中、律僧の集団は幅広い階層の人々から支持を得ていったのである。

第6講
# 荘園村落と武士

小瀬玄士

## †「泣く子と地頭には勝たれぬ」

「泣く子と地頭《じとう》には勝たれぬ」とは、「どんなに道理で争ってみても勝ちめのないことをたとえていう」(『日本国語大辞典』小学館)言葉である。故事成句辞典の類では、はっきりと鎌倉時代の地頭が横暴であったことからと解説しているものもあるようである。最近はあまり聞かない言葉になったように思うが、私くらいの世代以上の人にとっては、地頭という言葉から連想されるイメージを形作っている言葉であろう。

実はこの言葉が使われるようになったのは江戸時代中頃で、本来的には江戸時代の地頭(江戸時代においても領主が「地頭」と呼ばれる場合があった)の横暴を示す言葉であり、必ずしも鎌倉時代の地頭の不合理性を伝えているわけではない。しかし阿弖河庄《あてがわのしょう》百姓等申状《もうしじょう》に代表される、鎌倉時代の地頭の横暴、暴虐を物語る史料が日本史の教科書に引用されて

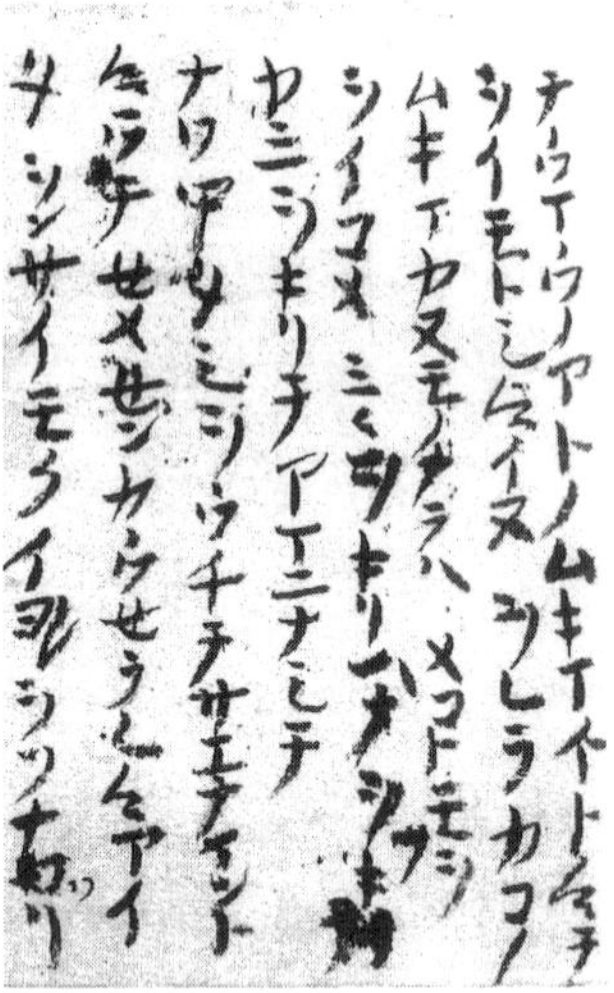

阿弖河庄上村百姓等申状(「又続宝簡集」78、金剛峯寺蔵)

いることや、かつては教科書本文にもその非道な行いが記述されていたことと相まって、鎌倉時代の地頭をあらわす言葉として認識されるようになったものだろう。

その阿弖河庄百姓等申状を簡単に見てみることにしよう。一二七五(建治元)年、紀伊国阿弖河庄上村《かみむら》(現在の和歌山県有田川町《ありだがわちょう》)百姓等は荘園領主である寂楽寺に対し十三箇条からなる訴状を提出した(竹内理三編『鎌倉遺文』一二〇七六号、東京堂出版、以下鎌一二〇七六と略記)。このなかには「ヲレラカコノムキマカヌモノナラハ、メコトモヲヲイコメ、ミ、ヲキリ、ハナヲソキ、カミヲキリテアマニナシテ、ナワホタシヲウチテ、サエナマント候」等の表現が並び、百姓に対する地頭の行為が如実に記されている。ここに引用した部分の意味は大略、(地頭は上村の百姓等に対し)お前らが逃げ出した百姓たちの田畑の耕作をしないのであれば、妻たちを捕らえて耳を切り、鼻を削ぎ、髪を切って尼にしてしまい、縄をうって責めるぞ、というものである。地頭からの徴発に応えないことで、家族に危害が及ぶ、しかもそれが耳を切られ、鼻を削がれるというのであるから、たしかに現代における感覚をもとにこれを読めば、地頭の暴虐性を感じ取ることは容易いであろう。

しかし実際には、この百姓たちはただただ地頭の暴虐に耐えていたというわけではなかった。この申状はあくまでその前年から続く地頭との抗争の一環として作成・提出されたものであり、百姓たちは自らの立場・権利を守るために、荘園領主への出訴《しゅっそ》や逃散《ちょうさん》等、様々な手を尽くして地頭側に抵抗していたことが明らかにされている（黒田一九九五）。また、耳や鼻を削ぐという一見残酷に見える行為についても、実は女性を処刑することが忌避された結果であり、ここで百姓たちが訴えている地頭の行動が、鎌倉時代当時において常軌を逸した猟奇的暴虐性の現れではないことも明らかにされている（清水克行『耳鼻削ぎの日本史』洋泉社、二〇一五）。

さて、ここでいう地頭とは、鎌倉幕府成立以後、幕府に仕えた武士、すなわち御家人たちが任じられた職のことである。教科書での記述法等の影響もあり、鎌倉時代の武士といえば地頭というように思われる方も多いかもしれない。しかし鎌倉時代には御家人ではない、その名も「非御家人」と呼ばれる武士たちも存在していたし、御家人であっても地頭ではなかった者もいる。ここでは主に御家人たちが荘園村落とどのように向かい合ったのか、果たして本当に道理の通じない暴力集団であったのかどうか見ていくことにしよう。

## †荘園公領制と鎌倉時代の「村落」

まずは鎌倉時代の荘園村落について概観しておこう。荘園公領制とは平安末期、院政の成立によって完成に向かうことになった中世の土地制度である。その成立や展開については様々な視角が提示されているが、現在のところ立荘《りっしょう》と呼ばれる、荘園の成立にあたって、所領の寄進者側の動向よりも、王権が主導的役割を果たしたことを評価する学説が有力である。さて誤解を恐れず、ごく簡単に荘園公領制の仕組みを説明すると、荘郷《しょうごう》現地から果ては上皇に至るまでの様々な階層の人々が、その荘郷から得られる富を、「職《しき》」として結実した受益権に基づき、それぞれが獲得するシステムということができる。要はある土地(下地《したじ》という)の上に、種々の権益が重層的に設定されるということである。最も典型的な形としては、一つの荘園のなかに、本家―領家―預所《あずかりどころ》といったような職が設定され、それぞれの職の受益権に応じた富を得るのである。それは公領も同じことであり、知行国《ちぎょうこく》主《しゅ》―受領―郡郷司《ぐんごうじ》といったような重層性を持つ。

そしてこれら荘園には、田地の耕作等にあたる住人が存在している。問題はこの住人たちの居住形態である。実は本節が「荘園村落」という微妙な言い回しをしていることもこの点によっている。結論から言えば鎌倉時代における「村落」がどのようなものであったのかは今一つ明瞭ではない。もちろん古文書等当時の史料に「〜村」という名称はよく登場するのであるが、それはあくまで荘園内の一定領域をあらわす地理単位に過ぎないのである。何を言っているのかと訝しがる向きも多いかと思うが、端的にいえば、中世後期から近世にかけての村落、高度経済成長期以前、日本のあらゆるところに存在していたような「村」が、鎌倉時代にまで遡るものであるのかどうかについては、実は必ずしもはっきりしているわけではないのである。

もちろん住人たちが荘園内部に住んでいたことは確かである。しかし荘園領主や武士の手元に残った史料からは、この時期の村落内部事情を知ることは難しく、村落の運営や居住状況等はよくわかっていない。また荘園の形態も領域型荘園と呼ばれるような、ある一定の面的広がりをもった荘園もあれば、散在型と呼ばれる、必ずしも面的に接続していない耕地を帳簿上に集積した荘園もあるなど、その形態は種々様々であり、かつ畿内・東国・西国といった地域差もかなり大きかったと考えられることから、一律に鎌倉時代の村落を描くことは容易ではない。また中世にみえる村落とは、いわゆる農村だけではなく、街道沿いの宿や市《いち》、海岸沿いの漁村も含んでおり、その内実も多様である。

そうしたなか、文献史学の分野では畿内周辺において近隣住民間の連帯の誕生が村落につながっていくことが明らかにされている（田村憲美「中世村落の形成と「随近在地」「在地」」『日本中世村落形成史の研究』校倉書房、一九九四）。また考古学・地理学・民俗学等文献史学以外の手法も活用し、中世村落を明らかにしようという景観論も盛んである。そうした成果によると、平安期、荘内に散在していた住人たちは、畿内では一三世紀後半から徐々に集住するようになり、集村的村落を形成していくと考えられている（湯浅治久「惣村と土豪」『岩波講座日本歴史　第9巻中世4』岩波書店　二〇一五）。

この中世前期の荘園村落には、主に三つの階層の百姓層が存在していた。上層の百姓である名主層《みょうしゅ》、弱小ではあるものの独立した存在で、領主直営地や名田《みょうでん》を請作する小百姓《こびゃくしょう》（脇百姓とも）、他所から移住してきた浪人からなる間人《もうと》と呼ばれる新住民である。この新住民たちも、鎌倉時代においては荘園村落の構成員となることも可能であった（西谷正浩「中世の農業構造」『岩波講座日本経済の歴史　第1巻中世』岩波書店、二〇一七）。

## 領主としての東国武士

次に武士について見てみることにしよう。しかし武士と言ってもこれまた大変多様である。先に述べたように、御家人だけが武士というわけではないのが鎌倉時代である。荘園公領には、多くの武士を被官とするより勢力の大きい武士から、荘園のより小さい地域、村等を拠点・勢力範囲とする武士たちまで存在していた。そのなかでも、当時の武士の代表格である御家人について、ここでは見ていくことにしよう。源頼朝に従い御家人となったのは、東国の武士たちがその中心であった。東国の武士たちは幕府成立以前から、自らの館を中心に所領を支配していた。館は堀や土塁を廻らした要塞のようなもので、まさしく武士の拠点である。単に軍事拠点というわけではなく、所領支配のための経営拠点でもあった。農業経営や地域商業・手工業の中心でもある。その館の周囲には、門田《かどた》（佃《つくだ》・正作《しょうさく》とも）と呼ばれる武士の直営田があった。

この館とその周辺は館の主である武士の支配力が最も強いところであり、その周囲に、その武士の所領となっている耕地とその耕地の百姓らが住む領域がある。館に次いで領主である武士の支配権が強まりつつある領域といえる。そしてその外に、他の武士たちも居住するより広い、郡や郷のレベルの領域が広がっているのである。以上のように、武士たちの権力の源泉は彼らの拠点である館にあり、彼らの支配は館を中心に同心円的に広がっていくと理解される（石井二〇〇二）。また最近では、武士が館を構える場所は、館が置かれる以前から交通や流通の要所であったことにも注目が集まっている（高橋修「武士団と領主支配」『岩波講座日本歴史　第6巻中世1』岩波書店、二〇一三）。

治承・寿永の内乱を経て鎌倉幕府が成立するなか、御家人となった東国の武士たちは、もとからの自らの所領（本領）の支配を保証されるとともに、敵方であった平氏の旧領等に地頭職《じとうしき》を得ることになった。東国は幕府の強い支配が認められたこともあり、御家人たちは東国の本領等については、百姓たちに対してより強力な支配を進めることができたと考えられている。一方、新たに給与された所領は主に西国に分布しており、その後の承久の乱の結果、後鳥羽上皇方の所領が没収され、幕府に味方した御家人にそれが給付されることになると、西国に御家人の勢力がより拡大していくことになった。

すなわち、実は武士の支配とは、こと御家人の所領に限っていえば、鎌倉幕府の成立以前から自らの所領であった東国の所領と、新たに地頭職を得て支配に乗り出していく西国の所領とに自ずと差があったということである。またそれだけではなく、領域的な支配を広げていった戦国大名等とは異なり、御家人たちは全国に散在する所領の支配を迫られることになったのである。

## †東国御家人の西国所領支配と荘園公領制

地頭職は基本的には平氏や後鳥羽院に味方した武士等、幕府と敵対した勢力から没収した所職《しょしき》に代置されるものであり、その所職の性格に応じ、御家人たちは現地に入っていくことになった。すなわちある程度完成された荘園公領の体系のなかに、新規参入することになったのである。ただし地頭職は幕府から任じられるものであり、それまでの下司職等荘園所職と違い、荘園領主の意向によって改替されることはなかった。かつてはこれらのことから、武士たちは荘園制を打破し、自らの領主制を打ち立てようとしていたと理解されていたのであるが、近年では荘園公領制の枠組みを利用し、またそのなかで、自らの権益拡大を図っていたことが明らかになってきている。

幕府創業の功臣の一人に、千葉常胤《つねたね》という武士がいる。下総国千葉庄《ちばのしょう》（現在の千葉県千葉市）を本拠とし、源頼朝を支えてその勢力を拡大した。この千葉氏はその家の規模の大きさもあり、各地に散在する所領の経営や、財務管理については、千葉氏のトップたる惣領のもとにいる被官が事務担当としてこの任にあたり、遠隔地金融を商う金融業者を利用しつつその支配を展開していた。また被官たちは京・鎌倉と地方所領を頻繁に往来していたことも明らかになっている。こうした動きが可能になった背景には、一一世紀から一二世紀にかけて成立してきた荘園公領制のシステムが存在しており、御家人たちもこのシステムを利用し、遠隔地の所領を支配していたのである（井上聡「御家人と荘園公領制」五味文彦編『日本の時代史8　京・鎌倉の王権』吉川弘文館、二〇〇三）。

御家人自体は確かに粗暴であることは否定できないし、その教養も決して高くはない者が多い。たとえば当時、行政上欠かせなかった漢文についていえば、リーディングもライティングも不得手な御家人が多かった。しかしそうではあっても、全国に散らばる所領を支配していかなくてはならなかった。そこは「できる」人間を雇い、その被官たちが、彼らの知識・経験をもとに、既存の交通・流通体系を活用することで、全国に散在する所領の支配を実現していたのである。このために雇われた人物たちこそ、京下りの官人であったり、あるいは寺で学問を修めた僧侶であったり、事務的な荘官であった。また高利貸を行う「借上《かしあげ》」と呼ばれる商人であることもあった。

## †一族の分出と荘園村落

代官として遠隔地所領に送り込む人物が一族である場合もあった。武蔵国多賀谷（現在の埼玉県加須《かぞ》市）を本拠とする佐々目氏は、筑前国朝町《あさまち》村（現在の福岡県宗像《むなかた》市）にも所領をもっていた。この朝町村支配のため、佐々目氏は一族を地頭代《じとうだい》（代官）に任命して現地を支配させ、惣領《そうりよう》の得分《とくぶん》、すなわち上がりを運上させる仕組みをとっていたことが知られる（鎌二九〇七八）。しかし代官として筑前に下向《げこう》した一族は、自らの支配を打ち立てるに従い、独立的な傾向を強めていった。代官となった一族の立場からみれば、自らの支配が軌道に乗れば、徐々に惣領への上がり分は負担でしかなくなり、遠い一族との関係が薄れるにつれ、その運上は消えていったのである。

筑前の武士の館（『一遍上人絵伝』巻四、清浄光寺蔵）

佐々目氏の例は一族を分出した結果、当初想定した利益の分配が機能不全に陥り、一族間に争いが発生するという、鎌倉時代の御家人層によく見られる状況を表している。しかしそれにもかかわらず、一族の分出は所領支配にとって一般的な手法であった。これは散在所領に限らず、所領規模が大きい場合には、その開発の規模に応じて、荘園や公領の内部を分割し、自らの子たちに分譲するという形をとった（近藤成一「中世財産相続法の成立」『家族と女性の歴史　古代・中世』吉川弘文館、一九八九）。

そうして新たに西国所領に拠点を移していった御家人たちにとって、やはり所領支配の核となるものは館であった。もう一つ例を挙げよう。西国における地頭と現地の武士との争いの典型に、薩摩国谷山郡《たにやまぐん》（現在の鹿児島県鹿児島市）における地頭島津氏と谷山郡司との争いがある。谷山郡は開発領主である阿多平氏《あたへいし》が平氏方に与したため、平家没官領として地頭職が設定されることになり、惟宗《これむね》（島津）忠久が地頭職に任じられた。しかし郡司平氏を完全に排除することはできず、むしろその後郡司職についでは開発領主である平氏に安堵されることになった地である。この谷山郡を巡る相論のなか、一二八七（弘安十）年に幕府から下された判決文に興味深い一文がある（鎌一六三五三・二〇四七六）。それによると、地頭職を継承した島津氏一族の山田忠真は谷山郡内を惣領以下数子に分譲していた。その際、二郎丸という子供のために百姓たちを動員して「地頭屋敷」を作らせたのは違法行為であると谷山郡司は訴えるのである。これに対して島津氏側は、「所務沙汰《しよむざた》」すなわち所領行政を遂行する上で、地頭のための居館設置は必須条件と反論するのである。御家人たちが一族の分出にあわせ、拠点としての館を増やそうと企図していたことが知られる。

結論からいえば、ここで島津氏の訴えは幕府に認められなかった。それは館の重要性を否定されたのではなく、山田氏の惣領がすでに地頭屋敷を郡内に所有しており、かつ谷山郡の「下地《したじ》」、すなわち土地そのものについては谷山郡司のものであることが認められたからである。このことは西国に進出していった御家人たちにとって重要な意味を持つ。すなわち、地頭として西国に進出する際、どのような権限をもって当該の地にのぞむかが、その後の領主としての展開上重要だったということである。

承久《じょうきゅう》の乱以降、和泉《いずみ》国では公領に新補《しんぽ》地頭が入部したが、その際、新補地頭は下地に関する権限を与えられておらず、下地から給分《きゅうぶん》を得る権限をもって入部した結果、鎌倉幕府の崩壊とともに、多くの地頭たちがその地位を失っていったことが指摘されている（吉井敏幸「和泉国における新補地頭について」『古代研究』二一、一九八〇）。荘園公領制に依拠するだけでなく、御家人たちの地頭としての所領支配には、鎌倉幕府による権限設定と保護が欠かせなかったことも知られるのである。

## †支配の手段

それでは幕府から得た権限をもとに、御家人たちはどのように荘園村落を支配していったのであろうか。ここではいくつかの具体的な手段についてみてみることにしよう。従来から注目されてきた権限に勧農《かんのう》がある。勧農とは農業のために、治水等の土木工事や種籾《たねもみ》の供給等を行うことであり、こうした責任を果たすことによって領主たる武士は百姓たちを従えていたと考えられている。また、農業経済を通じた支配もある。安芸国の有力な在庁官人、田所氏は多数の下人・所従《しょじゅう》を抱えていたが、そのなかには年貢等の弁済が不能になった百姓たちが含まれていることが知られる（鎌一六八六二）。

また、流通機構や交通の支配も従来から重要なファクターとして注目されてきたのであるが、近年、検断権を利用した交通・流通の把握も注目されている。検断権とは簡単に言えば警察権のことである。紀伊国の有力御家人である湯浅氏は、紀伊国内の交通・流通の要所に対する警察権等を掌握しており、このことが紀伊国内で有力な地位を築き得た源泉の一つとみなされている（高橋修「中世前期の地域社会における領主と住民」『中世武士団と地域社会』清文堂出版、二〇〇〇）。

検断権の行使は荘園村落の百姓たちを従えるためにも有効な手段であった。先に触れた島津氏と谷山郡司の、一三〇〇（正安二）年に判決が下された相論《そうろん》においても、全部で四十箇条にも及ぶ争点のうち、その半分近くは、郡司側による地頭側の不当な検断権行使に関する訴えである。地頭側は百姓たちに様々な嫌疑をかけ、科料《かりよう》をとったり、その身を押さえたり、あるいはその一族を身代《みのしろ》として捕らえる等の行為に及んでいる。その際、十分な捜査を行っていないことについても訴えられている。そのうえ、百姓たちの財産を押収していることもある。また別の事例では、御家人で前の地主である定俊という人物が、今の地主の政所《まんどころ》に乱入し、そこに仕えていた百姓たちを捕らえて犯罪者に仕立て上げ、大変な科料を責めとったと訴えているものもある（鎌九三四三）。

「獄前の死人、訴え無くば検断無し」という著名な言葉がある。この諺は中世においてたとえ牢獄の前に（不審な）死人があろうとも、このことについて訴え出る人がなければ警察権は発動されない、あるいは発動してもらえないという、日本の中世社会が自力救済社会であることを示す好適な言葉として紹介されてきたものである。しかし実はこの言葉は中世社会の自力救済的様相を語るものではなく、権力側による不当・過酷な検断権の行使を制限する意味で用いられている言葉であることが明らかにされている（西田友広「法諺「訴え無くば、検断無し」の再検討」『史学雑誌』一一七‐八、二〇一八）。こうした不当な検断権の行使による示威行為や財物の押取によって、御家人たちはその支配の拡大を図っていたのである。

## †百姓たちの動き

しかし阿弖河《あてがわ》の例に漏れず、その権限をもとに支配を進めようとする御家人たちに対し、荘園村落の住人たちはただ虐げられているわけではなかった。御家人の支配と同様に、彼らもその当否にかかわらず様々な抵抗をしていた。そして御家人たちも、この抵抗を実力のみによって排除することは難しかったことが知られる。例えば西国御家人の一人である祢寝《ねじめ》氏は、名主百姓らが御家人課役《かやく》や農業に就き自らの催促に従わないことを幕府・守護に訴え、祢寝氏に従うよう命令を出してもらっている（鎌五九六二）。まさにサボタージュであるわけだが、実力行使だけでは解決することができず、御家人側が幕府に訴えるという手段をとったということであろう。

百姓側による訴訟も有効な手段であった。百姓による訴訟については、先に見た阿弖河庄における事例のように、荘園領主に地頭の非法を訴えるという手段が一般的であった。百姓たちは荘園領主に取り入り、地頭への対抗を図ったのである。一方、御家人の本領たる東国所領においてはどうだったのであろうか。前述した千葉氏の事例では、千葉氏の本領の一つである寺山郷の百姓が名主の非法を千葉氏に対して訴え出ていることが知られる。この場合の名主は領主的立場におり、先に示した百姓としての名主とは異なる性格と思われるが、東国の本領においては、御家人は百姓の保護を期待される存在でもあったことがわかる（本郷恵子『全集日本の歴史6　京・鎌倉　ふたつの王権』小学館、二〇〇八）。

そして百姓の抵抗として最も強力なものの一つが逃散《ちょうさん》であった。逃散とは居住地からの単なる逃亡をいうものではない。一定の手順を踏み行われた正当な抵抗運動であった。その手順の一つは、年貢をきっちり納めることであり、果たすべき責任を果たしたうえでの抵抗運動であった（入間田宣夫「逃散の作法」『百姓申状と起請文の世界』東京大学出版会、一九八六）。逃散は次年以降の農業に大きな影響があるため、領主側としては何とか避けたい事案であり、有効な抵抗手段となっていた。

また抵抗以外に興味深い事例としては、武士側に成り上がろうとする者の存在を挙げることもできる。著名な荘園の一つ、若狭《わかさ》国太良荘《たらのしょう》（現在の福井県小浜《おばま》市）に登場した「御家人」宮河乗蓮という人物は、種々の検討からその出身は百姓であることが明らかにされている（橋本道範「荘園公領制再編成の一前提」『日本中世の環境と村落』思文閣出版、二〇一五）。御家人に成り上がろうとする活力も、その実力を持った百姓も存在していたのである。

### †荘園村落と武士の関係の行方

以上、荘園村落と武士の関係について簡単に見てきた。最初に掲げた課題については、多くの方がその答えをお分かりであろう。「泣く子と地頭」であれば、鎌倉時代の地頭には勝つことは可能だったのである。もちろん検断権において見たように、武士はやはり横暴であった。ただその横暴さは荘園公領制を破壊する方向では働いていないし、地頭だけが横暴だったわけでもない。また地頭たる武士たちは、道理を全く無視したわけではなく、不当とみなされるものであっても、道理に則っているかのように装う必要性はあったのであり、そもそもその権限如何によっては、領主たり得なかったのである。なお暴力についていえば、実は中世においては百姓同士の抗争においても暴力は珍しいことではなかった。一方、百姓たちについてはただ耐える存在ではなく、自らを守るために様々な抵抗運動を行っており、ときには身分的上昇もあり得た存在だったのである。

最後に注意しておきたいのは、ここで示してきたことは武士・百姓間に常に闘争があったということを意味するものではなく、また武士たちが荘園公領制のなかで従順に働いていたということを意味するわけでもないということである。地頭側が百姓たちと手を組み、荘園領主側と対峙するという構図も存在する（鎌一一二三五）。また頻発する荘園領主と御家人たちとの相論の原因は、御家人側が定められた貢納を荘園領主側に納めていないからこそである。武士たちは荘園公領制のシステムを利用するのであって、それに従順なわけではない。

ここに、教科書でも記されているように、地頭請《じとううけ》や下地中分《したじちゅうぶん》が行われていく要因がある。下地中分についていえば、これによって荘園領主の期待得分が半減したとしても、その領域から地頭の影響を排除することで、自らの得分確保を図ったということになる。一方百姓たちはどうしたかといえば、畿内についていえば、南北朝・室町期に惣村として立ち現れる結合を強めることで、自らの防衛を図っていくことになるのである。

**さらに詳しく知るための参考文献**

石井進『鎌倉武士の実像――合戦と暮しのおきて』（平凡社ライブラリー、二〇〇二）……同氏の名著『日本の歴史12　中世武士団』（小学館、一九七四、現在は講談社学術文庫）とともに、鎌倉時代の武士団を知る上での基本的な文献。

五味文彦編『日本の時代史8　京・鎌倉の王権』（吉川弘文館、二〇〇三）……御家人制や荘園公領制と御家人の関係等について知るために好適な文献。

歴史学研究会・日本史研究会編『日本史講座3　中世の形成』（東京大学出版会、二〇〇四）……『日本の中世8　院政と平氏、鎌倉政権』（中央公論新社、二〇〇二）と併せ、荘園公領制についてより専門的に知ることができる。

『岩波講座日本歴史　第6巻中世1・第9巻中世4』（岩波書店、二〇一三・二〇一四）……荘園公領制や武士団、村落等、最新の専門的な成果を学ぶ上で基本的な文献。

黒田弘子『ミミヲキリハナヲソギ――片仮名書百姓申状論』（吉川弘文館、一九九五）……阿弖河庄の百姓たちの闘いを、上村百姓等申状を中心に丁寧に読み解いたもの。

# 第7講　朝廷の政治と文化

遠藤珠紀

中世の朝廷というとどのようなイメージをお持ちだろうか。院政期以降、朝廷社会では嫡子の単独相続を基本とする「家」が形成されていった。本講では「家」をてがかりに朝廷社会の様相を追っていきたい。

## †鎌倉時代の「院政」

朝廷は、天皇家の家長にあたる上皇（治天《ちてん》の君《きみ》）が院政を敷き主催していた。院政というと一一世紀後半から一二世紀のいわゆる「院政期」のイメージが強いかと思う。しかし鎌倉時代以後も院政は連綿と続いた。上皇は一時代に一人とは限らず、一四世紀初頭には五人もの院が居ることもあったが、その中の一人が治天の君として院政を行う。また天皇が治天の君の立場にあることもあり、その場合は親政となった。

本来、院政の大きな要素には次代の皇位継承者の指名があった。次代の天皇を指名し、直系尊属として影響力を及ぼす体制である。ところが一二二一年（承久三）、時の治天の君後鳥羽院《ごとばいん》が鎌倉に対して兵を起こした（承久の乱）。敗北した後鳥羽院は隠岐《おき》に流され、仲《ちゅう》恭天皇《きょうてんのう》は廃帝となった（明治時代に歴代天皇に加えられる）。幕府はすでに出家していた後鳥羽院の兄守貞親王《もりさだしんのう》（後高倉院）を治天の君とし、その子後堀河天皇《ごほりかわてんのう》を即位させた。即位経験のない守貞親王をあえて「治天の君」にたてるほど、天皇家にとって「治天の君」の存在が不可欠なものと考えられていた。すなわち院政システムが定着していたのである。

一二四二年（仁治《にんじ》三）、後堀河天皇の子四条天皇《しじょうてんのう》が早世し、後高倉院の皇統は断絶する。

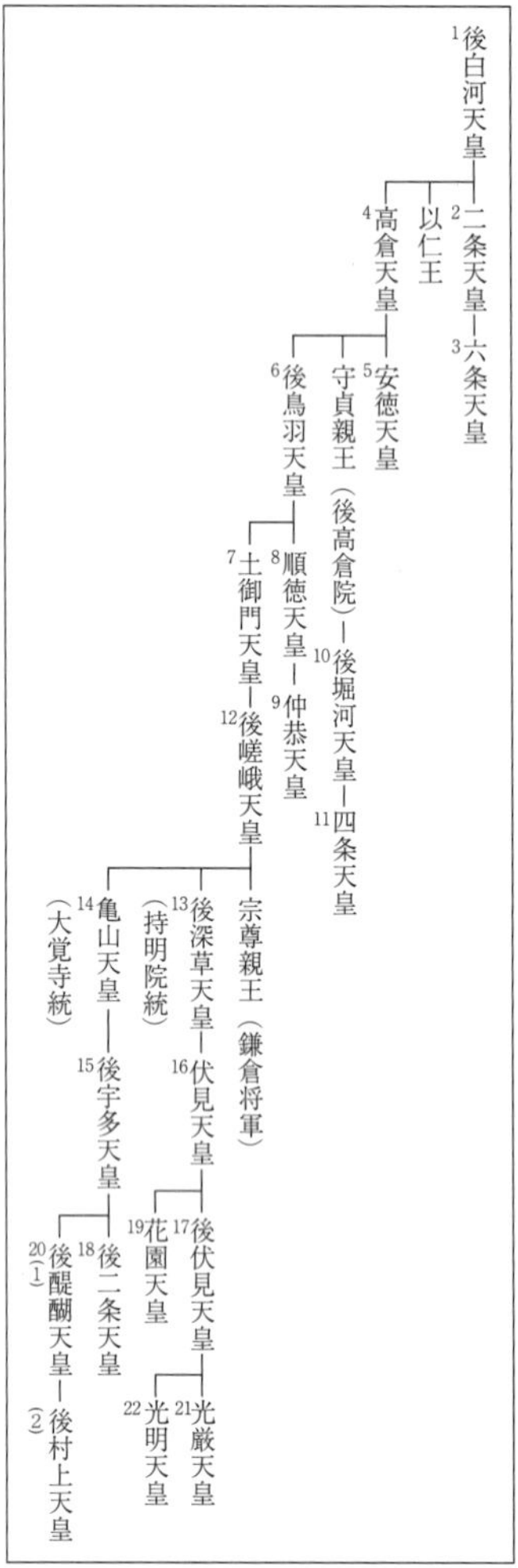


天皇家系図（院政期〜鎌倉時代）
＊数字は即位順（カッコ内は南朝）

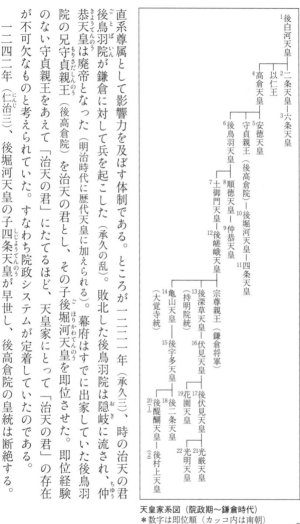

この時皇位継承候補となったのは後鳥羽院の孫二人であったが、幕府の判断により後嵯峨《ごさが》天皇《てんのう》が即位した。後嵯峨天皇は三〇年もの長期にわたり治天の君（親政・院政）として、朝廷儀式の復興等に心を砕いた。しかし死去に際し次代の治天の君を指名せず、天皇家には絶対的な指名権を持つ家長は存在しなくなった。一つだった天皇家は、後嵯峨院の二人の子息後深草院《ごふかくさいん》（持明院統《じみょういんとう》）・亀山院《かめやまいん》（大覚寺《だいかくじ》統《とう》）の二つの家に分離し、それぞれ自らの家の家長として、子孫（皇統）に皇位を継承させるべく争うこととなった。以後、皇位継承は鎌倉幕府の調停に託され、その時々の天皇の直系尊属がその在位期間の「治天の君」として存在した。天皇が交替すると治天の君も交替した。両統から交互に天皇が即位する「両統迭立《りょうとうてつりつ》」と称される状況である。

後嵯峨院（『天子摂関御影』宮内庁蔵）

また「治天の君」は元来、軍事指揮権も有していた。紛争や寺社の強訴《ごうそ》などに際して、武士の派遣は院の決定を経ていた。しかしその権限も承久の乱以降は幕府に移る。

では治天の君は何をしていたのか。主に公家たちの人事、また所領関係の争いを主とする裁定である。この時期、公家社会では徳政《とくせい》（善政）とは人事と裁判である、と認識されるようになっていた（『平戸記《へいこき》』延応《えんのう》二年二月二十日条）。公家たちの人事は除目《じもく》・叙位《じょい》という朝廷儀式を経て行われた。その儀式の前に院から内定者を記したメモ（任人折紙《にんじんおりがみ》）が届けられ、おおよそ指示通りに任じられた。裁判については、一二四六年（寛元四）後嵯峨院のもとで初めて院評定《いんのひょうじょう》が行われた。以後制度変更はあるものの、毎月、院と評定衆《ひょうじょうしゅう》により訴訟への対応が行われた。それに伴い、幕府との連絡を担う関東申次西園寺家《かんとうもうしつぎさいおんじけ》、院への申し入れを担当する院伝奏衆《いんてんそうしゅう》の役割が重要になっていった。

このような後嵯峨院以降の院政は「制度化された院政」と評価されている（美川圭『院政』中公新書、二〇〇六）。ただし政治の場はあくまで朝廷の制度が用いられた。

### †家格の固定化

公家たちもそれぞれ「家」を形成していった。特に鎌倉時代中後期には、分流が盛んに行われ新しい「家」が多数成立した。中世の特徴として、職《しき》の遷代《せんだい》から永代《えいたい》を産み出そうとする動きが見られたと指摘されている。朝廷でいえば、本来一次的なもの（遷代）であるはずの官職や利権を、世襲（永代）しようとしていく傾向である。

十二世紀前半には、公家たちの間に公的な身分（官位）と家格の要素が入り混ざった身分秩序が形成されていく。そして家格によって、昇進にかかる年限、経歴する官職が定まるようになる。「摂関家」という家格の家の嫡男に産まれれば、五位中将から一定の昇進ルートを経て摂政・関白に至り、「名家」出身であれば蔵人《くろうど》・弁官《べんかん》などを経て大・中納言まで昇進できる、といった形である。ただし家格は、上位の公家であっても必ずしも固定的なものではなかった。例えば一三六七年（貞治《じょうじ》六）、今出川公直《いまでがわきんなお》は右大将に任じられた（『後愚昧記《ごぐまいき》』貞治六年六月二十九日）。この時、父実尹《さねただ》が早くに亡くなり大将を経験していないことが問題になった。結局将軍足利義詮《あしかがよしあきら》の調停により、公直は無事に右大将に任じられる。以降も今出川家は、大臣・大将を経歴する清華家《せいがけ》として続いた。しかしわずか一代の中絶が子孫の昇進の妨げになるところだったのである。そのため公家たちは、祖先と同じ地位まで昇進し、家格を維持することに精魂を傾けた。

職務の遂行、その機会の獲得についても同様に父祖の実績が重要だった。家格の固定化により、経験する職務はおおよそ父祖と同じになってくる。その時、同格の人々の間では父祖の実績が重視された。一つ例をあげよう。一三一三年（正和《しょうわ》二）、後伏見院《ごふしみいん》が琵琶の伝授をうけることとなり、その日時を撰ぶ陰陽師《おんみようじ》が安倍淳宣《あべのあつのぶ》と定められた。この時期、陰陽師は多数存在する。その中で、淳宣が選ばれた理由は、院政期に祖先の安倍季弘《あべのすえひろ》が勤めて以来、後鳥羽院・亀山院・後深草院・伏見院と代々の院の伝授の時、淳宣の父祖たちが勤めたためという（「代々琵琶秘曲御伝授事」）。すなわち同業の陰陽師たちの中で、能力や年功序列ではなく、「代々の佳例」により担当者が選ばれたのである。その実績はさらに子孫への保障となった。

また職務の遂行に当たっては、同じ職務の経験者である父祖の記録がもっとも有効な参考書になる。父祖が勤めた職務の記録は「家記《かき》」「家の文書《もんじょ》」として蓄積され、その家の儀式作法が伝承された。そして「かつてはこのようにした」という「先例」「家の例」が一つの権威となったのである。このような蓄積の努力も、膨大な史料が現代まで伝わる要因の一つとなった。

一二八五年（弘安八）亀山院は院評定で「弘安書札礼《こうあんしょさつれい》」を定めた。書札礼とは、手紙を書く時のマナーであるが、発信者と受信者の関係により繊細な配慮を必要とするものだった。政務の遂行に発給される文書量が増大する中で、その円滑化のためにも、規範の明示が必要だったのであろう。この「弘安書札礼」は、現在の公的官位による関係を主としつつも、家格による位置づけを重視しており、家格による身分秩序を確定することとなった（百瀬今朝雄『弘安書札礼の研究』東京大学出版会、二〇〇〇）。「弘安書札礼」はその後も規範として重んじられた。

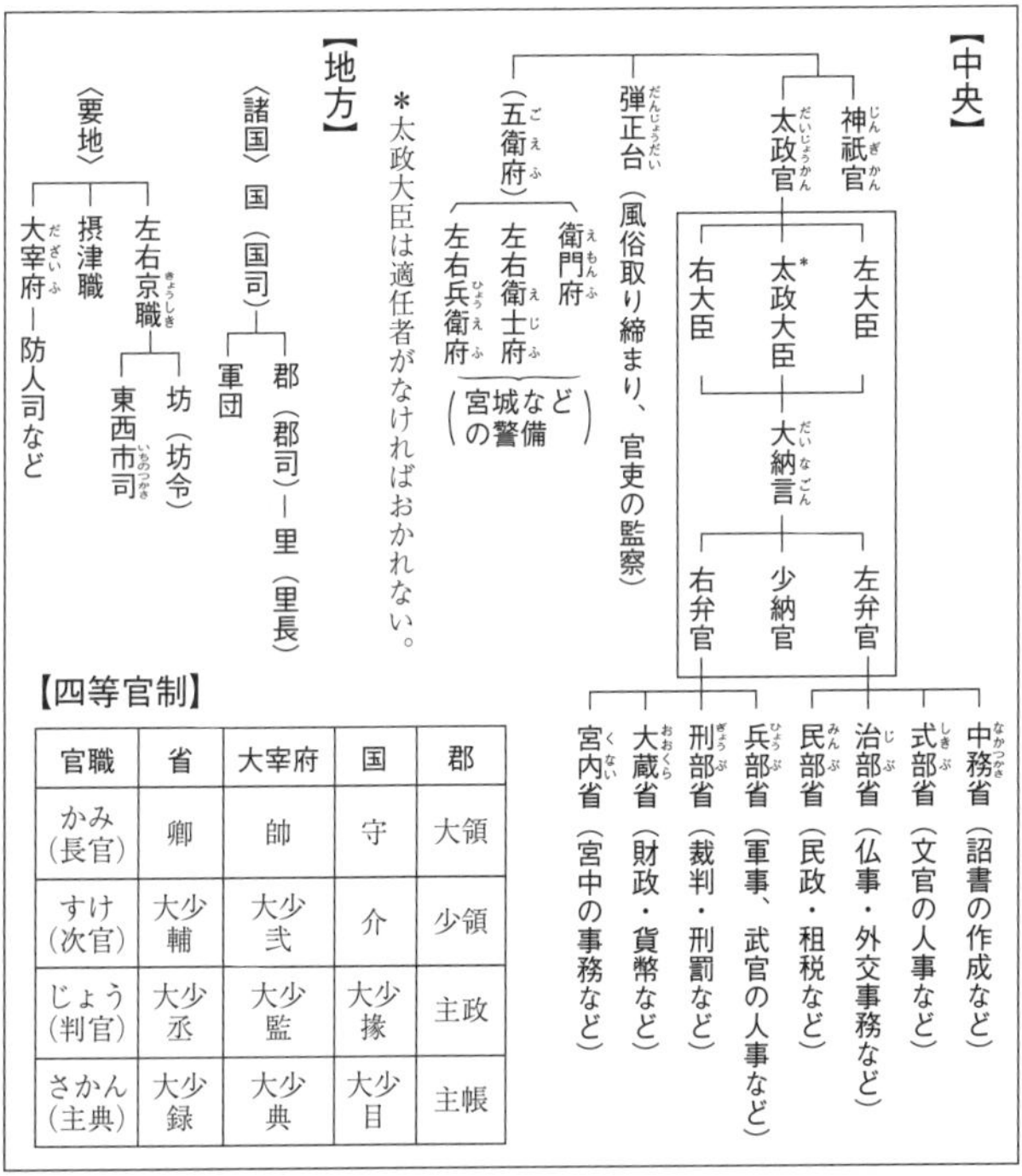


【四等官制】

| 官職 | 省 | 大宰府 | 国 | 郡 |
|---|---|---|---|---|
| かみ（長官） | 卿 | 帥 | 守 | 大領 |
| すけ（次官） | 大少輔 | 大少弐 | 介 | 少領 |
| じょう（判官） | 大少丞 | 大少監 | 大少掾 | 主政 |
| さかん（主典） | 大少録 | 大少典 | 大少目 | 主帳 |

律令官制表（『改訂版詳説日本史Ｂ』山川出版社、2006）

## 中世朝廷の官司

では朝廷運営を支える官司《かんし》はどのようになっていたのだろうか。教科書などで朝廷の官制表として組織図を見たことがある人も多いだろう（上図参照）。神《じん》祇《ぎ》官《かん》・太政官《だじょうかん》の二官を筆頭に、宮内省《くないしょう》・大蔵《おおくら》省《しょう》など八省、弾正台《だんじょうだい》、六衛府《えふ》などがぶらさがり、省の下には寮・司などの部局がある図である。「律令官制表」

とあるように、この組織図はおおよそ八世紀の令制官司《りょうせいかんし》（役所）である。中国の律令《りつりょう》を導入して国家の形を整えつつあった時に整備された組織体系となる。各官司の役職は大きく長官・次官……と四段階に分かれ（四等官制《しとうかんせい》）、それぞれの官職と位階が対応する仕組みだった（官位相当制《かんいそうとうせい》）。この位階と官職によって役人達の身分は定まっていた。ところが令制官司は、中国の制度に倣ったため、時代とともに日本の実情にはあわないところも出てきた。その対応策として九世紀には官司の統廃合、令外官《りょうげのかん》（律令以後に新しく設置された官司）の設置などによる再編が行われていた。十世紀以降は官司自体の改編は行われなくなり、運用面での工夫で対応するようになっていった。そのため令制の官司体制は、形式上はおおよそ近代に至るまで保たれた。

ではどのように運営されたのであろうか。中世の官司の運営について、佐藤進一氏は「官司請負制《かんしうけおいせい》」という考え方を提案した（『日本の中世国家』岩波現代文庫、二〇〇七年、初出一九八三）。これはある家が、特定の官司（役所）の運営を独占的に代々請負い、その役所の仕事をつとめて朝廷に奉仕する。そのかわりにその役所から得られる収入・利権を得る（本来の給料は支給されなくなっていた）、という考え方である。

例えば内蔵寮《くらりょう》という役所がある。名前の通り皇室の蔵を管理し、主な神社の祭礼の時や天皇の陵墓に捧げる幣帛《へいはく》、仏事の布施、天皇の装束の調達、宮中の宴会の食事などを担当した。この役所の長官内蔵頭《くらのかみ》は、南北朝期以降山科家《やましなけ》という中級の公家が世襲しており、山科家が内蔵寮の業務を管轄し、その収入を独占している（官司請負制）と従来は考えられていた。山科家の歴代当主は日記を残しており、その日記に内蔵寮に関する記載が多いことも山科家＝内蔵寮のイメージを強くしている。

ところがそれらの日記を見ると山科家が勤めている職務は、主に天皇の装束の調進である。では、内蔵寮のその他の業務はどのようになったのだろうか。史料を子細に見ていくと、別の公家中山家が「内蔵寮年預職《くらりようねんよしき》」として節会《せちえ》の設《しつら》えの準備や祭礼の幣帛の差配をしている様子が見えてくる。つまり装束以外の内蔵寮の職務である。内蔵寮の職務は少なくとも、長官（山科家）付随のものと年預（中山家）付随のものに分かれていた。

さらに役所の枠をこえて職務が再結合することもある。内蔵寮は宮中の宴会の食事も担当していた。宮中の食事に関する役所には他にも大膳職《だいぜんしき》や内膳司《ないぜんのつかさ》・造酒司《みきのつかさ》がある。南北朝期から室町時代には、これらの食事に関わる役職（大膳沙汰者・内膳沙汰者・造酒司沙汰者など）を一人が兼任し、集約されていたようである。官司名は異なれど食事に関わる、という点で一手に引き受けたのであろう。すなわち「内蔵寮」という官司全体が山科家に請負われていたわけではなく、さまざまな組み替えが起きていたのである。

またある下級役人が、一見関わりのないいくつもの官を兼任していたこともあった。この人物は、朝廷儀式が遂行される会場で、ある場面ではAの役割を担い、別の場面ではBの役割を担い、さらにCの役割を果たしている。一人で何役も勤めることによって、本来大人数の動員を必要とする儀式も、ごく少人数で執り行うことができたのである。

このように中世の役所は業務内容・組織の組み替え、細分化が進み、その業務内容ごとに別々の家が請負うこともあった。それぞれの業務が合理化され、それぞれに利権と結びつき請負われる体制である。こうした体制を筆者は「官司《かんし》知行制《ちぎょうせい》」と呼んでいる。これも中世に特徴的な体制である。

## 武家と朝廷官職

ところで余談となるが、公家だけではなく武士も朝廷官職を名乗っている。時代劇などで細川右京大夫《ほそかわうきょうのだゆう》・石田治部少輔《いしだじぶのしょうゆう》・大岡越前守《おおおかえちぜんのかみ》・大石内蔵助《おおいしくらのすけ》などの呼び名を聞いたことがあるのではないだろうか。このうち「右京大夫」「治部少輔」「越前守」「内蔵助」などはいわゆる名前ではなく、朝廷の官職名である。それぞれ京中の支配、葬送や外交に関する役所、越前国（福井県）の支配、皇室の蔵に関する役所である。

では武士たちはその官職に伴う業務を勤めたのであろうか。こうした武士の官職は、正式に朝廷から任命されたものも、私的に名乗っているものもある。正式に朝廷から任命されると中世には朝廷役人の定員の内に含まれていた（江戸時代には定員外となる）。しかし多くは業務は勤めず、名誉としての官職名である。それでも業務に支障を来さなかったのは、「官司知行制」の結果であろう。実際の官司の運営は、別の人が請け負って必要な運営はされており、武士たちが官職に就きながら仕事をしなくても、実務上の問題は生じない体制となっていた。

## †家業の成立と文化

再び話を朝廷に戻そう。冒頭に述べたように、鎌倉時代には多くの新しい公家の家が成立していった。その中で公家たちは生き残りのために自らの家の差別化を主張する必要があった。

十二世紀頃より特定の家と特定の学問分野（諸道）の結びつきが深まる。文章道《もんじょうどう》（紀伝道《きでんどう》）の文章博士《もんじょうはかせ》は菅原氏・藤原氏日野家などに、天文道《てんもんどう》は安倍氏、暦道《れきどう》は賀茂氏と結びつく。これらの一族はまず同じ学問を専門とする他の氏族の排除を進める。それが果たされた鎌倉中後期になると、同じ一族内の家同士でも競合した。暦道賀茂氏を例にとれば、まず大春日《おおかすが》氏・大中臣《おおなかとみ》氏などの他氏族を排した。その後賀茂氏のいくつかの家の中でも競合し、最終的に勘解由小路家《かでのこうじけ》と呼ばれる家が勢力を伸ばし主導権を握った。こうして諸道はいくつかの家による寡占化が進んだ。諸道における「官司知行制」の形成である。

院政期から鎌倉時代にかけては多数の書物も編まれた。特に後嵯峨院政は朝廷儀式の復興をうたっており、その治世には儀式・政治に関係する書物の著作・書写が増える。内容も単に儀式や政治だけではなくそれぞれの「家」の主張と密接に結びついている（五味文彦『書物の中世史』みすず書房、二〇〇三）。

院政期以降、治天の君は自らの権威を高めるために文化を利用した。院御所《いんのごしょ》や院御願寺《いんのごがんじ》（院の発願により建てられた寺）では和歌・蹴鞠《けまり》・延年舞《えんねんまい》をはじめさまざまな芸能が行われた。院はこうした芸能を通じて公家たちを編成した。順徳天皇は『禁秘抄《きんぴしょう》』（一二二一年編纂）において、学問・琵琶・和歌を天皇の学ぶべき事柄として記している。このうち琵琶は後鳥羽院以降皇位の象徴となっていた。治天の君の命により編纂される勅撰和歌集《ちょくせんわかしゅう》も、その治世の文化的・政治的示威として位置づけられた。二十一の勅撰集のうち院政期に四、鎌倉時代に九が成立している。特に鎌倉中期以降、治天の君が交替するとさほど間を置かず次の勅撰集編纂が命じられており、政治的パフォーマンスの要素が強いものだった。歌壇のメンバーは前代のような歌人を専門とする下級役人ではなく、政権を担っている人々（公家・女房・高僧たち）が中心で、政治的な集団に近しいものであったという（田渕句美子「鎌倉時代の歌壇と文芸」近藤成一編『日本の時代史9　モンゴルの襲来』吉川弘文館、二〇〇三）。

こうした治天の君の動向に応えて、和歌といえば御子左家《みこひだりけ》、蹴鞠といえば飛鳥井家《あすかいけ》・難波家《なんばけ》、書ならば世尊寺家《せそんじけ》、衣紋道高倉家《えもんどうたかくらけ》、など様々な分野で芸能を家業とする家が成立していく。それらの芸能は鎌倉の将軍にも深く関わっている。さらに秘説伝授、相承系譜などにより権威づけられていった。個々の家とその家業の関係は、他の家と政治的にも文化的にも激しい競争を重ねつつ、室町時代にはおおよそ定まった。家業と家の関係は、豊臣政権期の「文禄年中諸家家業以下御沙汰事《ぶんろくねんちゅうしょけかぎょういかごさたのこと》」、江戸時代の「諸家家業《しょけかぎょう》」などから窺うことができる。江戸幕府の定めた「禁中《きんちゅう》 幷《ならびに》 公家《くげ》諸法度《しょはっと》」では、それぞれの家業に励むことが公家の勤めとされた。また室町期以降、家業は公家社会に留まらず、地方の武家に対しても一種の家元的存在として、教授し経済的利益を得ることができるものとなっていた。

## †後醍醐天皇による朝廷「改革」

鎌倉幕府を滅ぼしたのは後醍醐天皇《ごだいごてんのう》である。後醍醐天皇、といえば改革者のイメージが強い。網野善彦氏は後醍醐天皇の政治を「異形《いぎょう》の王権」と印象深く表現している（網野善彦『異形の王権』平凡社ライブラリー、一九九三）。では何が「異形」なのか。大きくは以下のような点が指摘されている。①鎌倉幕府を滅ぼし、天皇親政を目指した。②永代（官司請負制・家格の序列等）を破壊し、天皇の直接支配下に置き、また商工民・商業課役を直接支配下に置こうとした。③朝廷儀式の復古、④「異類異形の輩」を近づけ、自ら真言密教を修したこと、などである。②・③にかかわって朝廷制度も改革されたと、従来考えられている。だがそれは本当だろうか。

①はたしかに成し遂げられた。しかし②については、具体的に検討を加えると、さほど特殊性はなかったようである（遠藤珠紀「中世朝廷の運営構造と経済基盤」『歴史学研究』八七二、二〇一〇年。「造酒司酒麹役の成立過程」『鎌倉遺文研究』三六、二〇一五年など）。公家たちの人事や商業課役に関する政策は、基本的に父後宇多院《ごうだいん》の政策を引き継いでいる。近臣や武士の「抜擢」も、世襲が成立していない官司や、すでに官司としての実体のなかった官司で行われていた。従来の秩序の「破壊」とは評価しえないのである。

ここでは③朝廷儀式の復古に関連して、次のエピソードをご紹介したい。後醍醐天皇がまだ尊治親王《たかはるしんのう》と呼ばれていた一三〇七年（徳治《とくじ》二）のことである。天皇は異母兄の後二条《ごにじょう》天皇《てんのう》、治天の君は父後宇多院だった。正月七日、宮中では恒例の白馬節会《あおうまのせちえ》が行われた（『実躬卿記』徳治二年正月七日条）。白馬節会は、邪気を祓うとされる白馬を天皇が覧じ、臣下と宴を催す儀礼である。古くは親王も参加したが、中世には参加しなくなっていた。ところがこの時後宇多院は、古く一条天皇の頃の例に戻って尊治親王も出席するように、と命じたのである。親王の出仕は絶えて久しいためにしかるべき服装や作法などもわからなくなっていた。そこでわざわざ尊治親王のために新しい式次第を作成し、事前に師範を定め予行演習（習礼《しゅらい》）も行われた上での参加であった。後に後醍醐天皇が記した『建武年中行事《けんむねんじゅうぎょうじ》』では、親王が参加する儀礼で記されている。

このように後醍醐天皇の朝廷行事復興、古い作法への回帰にも父後宇多院の影響があると考えられる。この時期、後宇多院はさまざまな催しに尊治親王（後醍醐）を伴っている。これも珍しいことであり、親王に自らの考えを継承する意図があったのではないだろうか。後醍醐天皇が鎌倉幕府を滅ぼしたことは大きな変化であり、時代が転換する契機となった。しかしそのことを後醍醐天皇の「異形」性に過剰に帰することはできない。後醍醐天皇は、制度面では基本的にそれ以前からの朝廷運営を引継ぎ、時代の激変の中で変化せざるを得なかった部分に、逐次対応をせまられたのであろう。

こうした努力を重ねつつ、南北朝・室町・戦国と政治の主導権が失われていくにつれて朝廷の規模は縮小していく。ことに応仁《おうにん》・文明《ぶんめい》の乱以降は開催される儀式や年中行事も減少していった。朝廷の運営もごく限られた人数で、集約的に行われるようになっていた。公家たちは財政的にも嫡流の存続に手一杯になっていき、この時期断絶した家も多い。下級官人たちも同様で、例えば事務を担った大外記《だいげき》中原氏《なかはらし》は南北朝期にはおよそ四流存在したが、中世末期まで続いたのはわずかに一家のみである。しかし乱世が収まり朝儀の復興が図られた一七世紀初頭、多数の新家《しんけ》が取り立てられ再編成が行われた。

このように朝廷を支える公家たちや、律令官制、それによる朝廷の運営は実体的には時代に対応して変化を遂げていく。しかし形式的には古代以来の官制体系は維持され、人事も行われ、あたかも秩序は維持されているかのように保たれていた。

**さらに詳しく知るための参考文献**


佐藤進一『日本の中世国家』（岩波現代文庫、二〇〇七、初出一九八三）……中世国家の祖型となる「王朝国家」を明らかにするため、官僚制の変化と政治状況から王朝国家（朝廷）、鎌倉幕府の性格を分析した。鎌倉時代研究に大きなインパクトを与えた。

松薗斉『日記の家』（吉川弘文館、一九九七）……「日記」から中世の朝廷社会の特質を明らかにする。現代と異なる「日記」のあり方がわかる。日記については高橋秀樹氏・尾上陽介氏の研究も。

五味文彦・佐野みどり・松岡心平『日本の中世7　中世文化の美と力』（中央公論新社、二〇〇二）……中世の文化について歴史学・美術史学・国文学の三方面から検討する。歴史学では文化の「時」「人」「場」に注目する。文化と政治の関係もよくわかる。

美川圭『院政』（中公新書、二〇〇六）……退位した天皇が権力を掌握したのはなぜか、律令制成立期から南北朝期までの上皇の権力構造を明らかにする。より詳しくは同著者の『院政の研究』（臨川書店、一九九六）も。

河内祥輔・新田一郎『天皇の歴史4　天皇と中世の武家』（講談社学術文庫、二〇一八、初出二〇一一）……中世を通して天皇家の変遷がよくわかる概説書。

第8講

# 南北朝動乱期の社会

高橋典幸

## †動乱の時代

二人の天皇、二つの朝廷が並び立ち、正統性をめぐって対立したのが南北朝時代である。その実態は、北朝を擁する室町幕府と南朝の争いであったが、両者の戦いは、北は東北から南は九州まで、約六十年にわたってくり広げられた。南北朝時代はまさに内乱、動乱の時代であった。

ただし南朝そのものの実情に目を向ければ、楠木正成《くすのきまさしげ》や新田義貞《にったよしさだ》、北畠顕家《きたばたけあきいえ》といった有力部将があいついで戦死し、内乱の早い段階で軍事的には劣勢に立たされていた。それにもかかわらず、その後も南朝が政権を維持し、内乱の時代が六十年も続いたのはなぜであろうか。

その理由として、南朝の地方戦略や、観応《かんのう》の擾乱《じょうらん》をはじめとする室町幕府の内紛が南朝の延命をもたらしたことなどが指摘されている。こうした政治的要因も重要であるが、本講では当時の社会情勢との関係に注目してみたい。すなわち内乱の様相から、南北朝動乱期の社会の様子をさぐってみよう。

## 貴族社会の転換期

南朝がどのような人たちによって構成されていたかについては不明な点が多いが、今に残されている断片的な史料からは、鎌倉時代以来の後醍醐天皇側近が中心となっていたことが指摘されている（杉山巖「綸旨《りんじ》にみる南朝」高橋典幸編『生活と文化の歴史学5 戦争と平和』竹林舎、二〇一四）。ただし、次のような事例も知られる。

一三三七年（建武四）四月、それまで北朝の関白をつとめていた近衛経忠《このえつねただ》が吉野に出奔し、南朝に仕えるようになった。当時の近衛家では経忠と甥の基嗣《もとつぐ》が嫡流《ちゃくりゅう》の地位をめぐって激しく争っており、経忠が南朝に奔《はし》ったのも、それが原因だったと考えられている。その後の近衛家は、基嗣とその子孫によって継承されていくことになる。また南朝の重臣として左大臣にまで昇った洞院実世《とういんさねよ》は、後醍醐天皇の倒幕運動にも深く関わった側近の一人であるが、彼も弟実夏《さねなつ》との間に洞院家嫡流の地位をめぐる対立を抱えていた。結局、洞院家は実世と実夏の系統に分かれ、それぞれ南朝・北朝に仕えることになった。こうしてみると、貴族の家における嫡流争いがきっかけとなって、南朝に仕える貴族が生み出されていたことがうかがえる。

実は鎌倉時代後期から南北朝時代にかけて、貴族社会は大きな転換期を迎えていた。それを象徴するのが嫡流争いであった。

それまで貴族の家では分割相続が行われ、数多くの分家が成立していた。藤原道長以来の摂関家からは、鎌倉時代後期に近衛・九条・一条・二条・鷹司《たかつかさ》の五摂家が分立し、摂政・関白に交代で任じられた。また道長の叔父藤原公季《きみすえ》の子孫は閑院流《かんいんりゅう》と呼ばれ、摂関家に次ぐ家柄として代々大臣に任じられたが、閑院流からは三条・西園寺《さいおんじ》・徳大寺家などが分立した。このうち、さらに西園寺家から分立したのが、実世・実夏の洞院家であった。

分家といっても、分割相続により相応の経済基盤を獲得し、また父祖と同じような官位につくことによって政治的地位も手に入れており、いずれもれっきとした貴族社会の一員であった。こうした分家の進行により、貴族社会は拡大の一途をたどっていたのである。

ところが、鎌倉時代後期になると、次第に分家が見られなくなってくる。財産の相続形態も分割相続から、嫡子《ちゃくし》一人が家の財産を継承する単独相続へと移行していく。すなわち貴族社会では分家の成立が抑えられ、それにともなって嫡子の地位が相対的に高まった結果、嫡子・嫡流の地位をめぐる争いがひき起こされることになったのである。近衛経忠・

基嗣、洞院実世・実夏たちはこうした嫡流争いの当事者だったのであり、南北朝の対立は貴族社会の変化にねざしたものだったと言えよう。

貴族社会の変化をもたらした要因の一つは、分割相続のいきづまりである。院政期以来、荘園制の展開によって都の貴族たちは地方の富を吸収してきたが、鎌倉時代になると荘園成立の動きは止まり、また地方の富も地頭や御家人として台頭してきた武士によって抑えられてしまう。分割相続させようにも、新たな富の獲得は見込めなくなったのである。貴族社会にとって鎌倉時代後半から南北朝時代は、それまでの拡大傾向から維持・縮小局面への転換期であった。

## †武家社会における惣庶対立

南北朝動乱のもう一方の主役は武士たちである。彼らが南朝・北朝に分かれて各地で戦闘をくり広げたのも、当時の武家社会の情勢と深く関わっていた。

武家社会においても鎌倉時代までは分割相続が一般的であったが、公家社会のそれとは異なり、惣領《そうりょう》と呼ばれる嫡子に大きな権限が認められ、財産を分与され独立した生活を営むようになった嫡子以外の子どもたち（庶子《しょし》という）に対して、なお惣領の統制権が及んでいた。それがもっとも明瞭に現れるのが戦時で、惣領は庶子を動員・統率して一つの戦闘集団として戦場に赴いたのである。このように惣領が庶子を統制する体制を惣領制という。

鎌倉幕府は武士を御家人化するにあたって、惣領制を利用した。すなわち庶子も御家人として認められたが、京都大番役《おおばんやく》の勤仕や御家人役の納入など、幕府に対する奉公は惣領が庶子を統率して行うこととされたのである。しかし、次第に庶子は惣領から自立しようとし、所領配分や御家人役の勤仕方法などをめぐって惣領と争うようになる。とくに、モンゴルの襲来後も軍事警戒体制（異国警固番役）が継続する中で、惣領とは独立に警固役を勤仕する庶子が現れたことは注目される。軍事動員こそ惣領制の根幹であったことを考えれば、これは庶子の自立、惣領との対立に拍車をかけたことであろう。

こうした武家社会の惣領・庶子の対立を一気に加速したのが、南北朝の動乱であった。惣領・庶子はついに南朝・北朝に分かれて戦うようになったのである。東北の相馬《そうま》氏、西国の小早川氏や熊谷氏、九州の相良《さがら》氏や大友氏など、一族が南朝・北朝に分かれて戦った事例は枚挙にいとまがない。

一方、武家社会においても分割相続はいきづまりを見せていた。治承・寿永の内乱、承久の乱、さらには有力御家人の粛正・滅亡など、鎌倉時代前半は大規模な戦争・戦闘があいついだ。その結果、敗者の所領は戦功のあった御家人に恩賞として配分され、御家人の所領は拡大していった。ところが、鎌倉時代後半になると、モンゴル襲来を除けば、大規模な戦争はほとんどなくなり、御家人が新たな所領を獲得する機会は失われた。モンゴルとの戦争も新たな領地を獲得するものではなかったため、戦後の恩賞配分に幕府が苦慮したことはよく知られていよう。そうした中での分割相続は所領の細分化をもたらすことになった。

南北朝の動乱は、武士たちにとってはこうした事態を打開するための絶好の機会であった。彼らは恩賞による所領獲得を期して、戦争に身を投じていったのである。

以上のように、武家社会における惣領・庶子の対立や所領獲得要求と結びつくことによって、南北朝の動乱は全国に拡大したのである。

## †戦場の武士

武士たちにとっては所領を獲得することこそが戦いの目的であり、南朝もしくは北朝・室町幕府のどちらに味方するかは主要な問題ではなかった。南朝の重臣北畠親房《ちかふさ》は一三三八年（延元三）九月、みずから関東に乗り込み、五年にわたって東国武士の勧誘につとめたが、彼を当惑させたのは、こうした武士たちの態度であった。親房は東国武士たちに対して南朝が正統であることを訴え、帰順を呼びかけたが、武士たちはなかなか応じようとせず、むしろ南朝に味方する条件として官職や所領を求めてくるありさまであった。親房は「商人のような考えだ」と憤慨しているが、「恩賞を与えてくれるものに味方する」というのが武士のホンネだったのである。

そのため、武士たちは戦場でも「恩賞を与えてくれそうなもの」、すなわち勝者の側につこうとした。一三六三年（貞治二）六月、武蔵国苦林野《にがばやしの》（埼玉県毛呂山町）で鎌倉公方《くぼう》足利基氏《もとうじ》と芳賀禅可《はがぜんか》が戦った際、武蔵の武士たちはいちおう基氏方として布陣しながらも、「勝ちそうな側に味方しよう」と日和見をきめこんでいた（『太平記』巻三六）。実際、彼らは戦況次第では敵方に寝返ることもためらわなかった。一三三六年（建武三）三月、菊池武敏は多くの武士を味方につけ、筑前国多々良浜《たたらはま》（福岡県福岡市）で、都から落ちのびてきた足利尊氏を迎え撃った。ところが菊池軍が劣勢となると、それまで菊池方についていた武士たちは次々と裏切って尊氏に降参していった（『太平記』巻一五）。南北朝時代の合戦では、降参や寝返りは日常茶飯事であった。

降参や寝返りというと、ネガティブな印象を受けるが、中世の武士たちにとってそれは戦乱を生き抜くための手段であり、実は社会的にも容認された行為であった。なかなか自分の呼びかけに応じず、恩賞の「前払い」を要求する武士たちを「商人のような考えだ」とさげすんでいた北畠親房も、「降参してきた場合は、所領の半分もしくは三分の一を安堵するのは昔からのならわしだ」と言っているように、所領の一部没収と引き換えに降参人は赦されるのが当時の慣例だったのである。さらに南北朝の動乱の中、各地で降参があいついだ結果、それは「降参半分の法」として定着することになった。

## †国人一揆へ

武士にとって戦争は恩賞獲得・所領拡大の好機であったが、もちろん危険とも隣り合わせであった。戦死や敗軍と運命を共にしてしまうなど戦場における危険もさることながら、留守にしている家族や所領も心配であった。

東京都日野市の高幡不動尊金剛寺《こんごうじ》には、北畠親房攻撃のため常陸《ひたち》に出陣した山内経之《やまうちつねゆき》という武蔵の武士が、戦地から妻や子供たちに書き送った自筆の手紙が多数伝えられている。戦場における武士の肉声を伝えるたいへん珍しい史料であるが、中でも目立つのは留守宅を心配する姿で、「しっかりした者が一人も残っていないのが、ともかく心細い」などとくり返し書かれている。また「又けさ」という元服前の子に対しては、「もう幼くはないのだから、何事も母と相談して家を守りなさい」などと言い送ったりもしている。それでも心配は尽きなかったのであろう、妻には「所領の問題については新井殿にお任せするように」と伝えている。新井殿とは近隣の武士で、経之は彼をたいへん信頼していたようである。残念ながら経之は常陸の合戦で戦死してしまったらしく、彼が戦地から送って来た

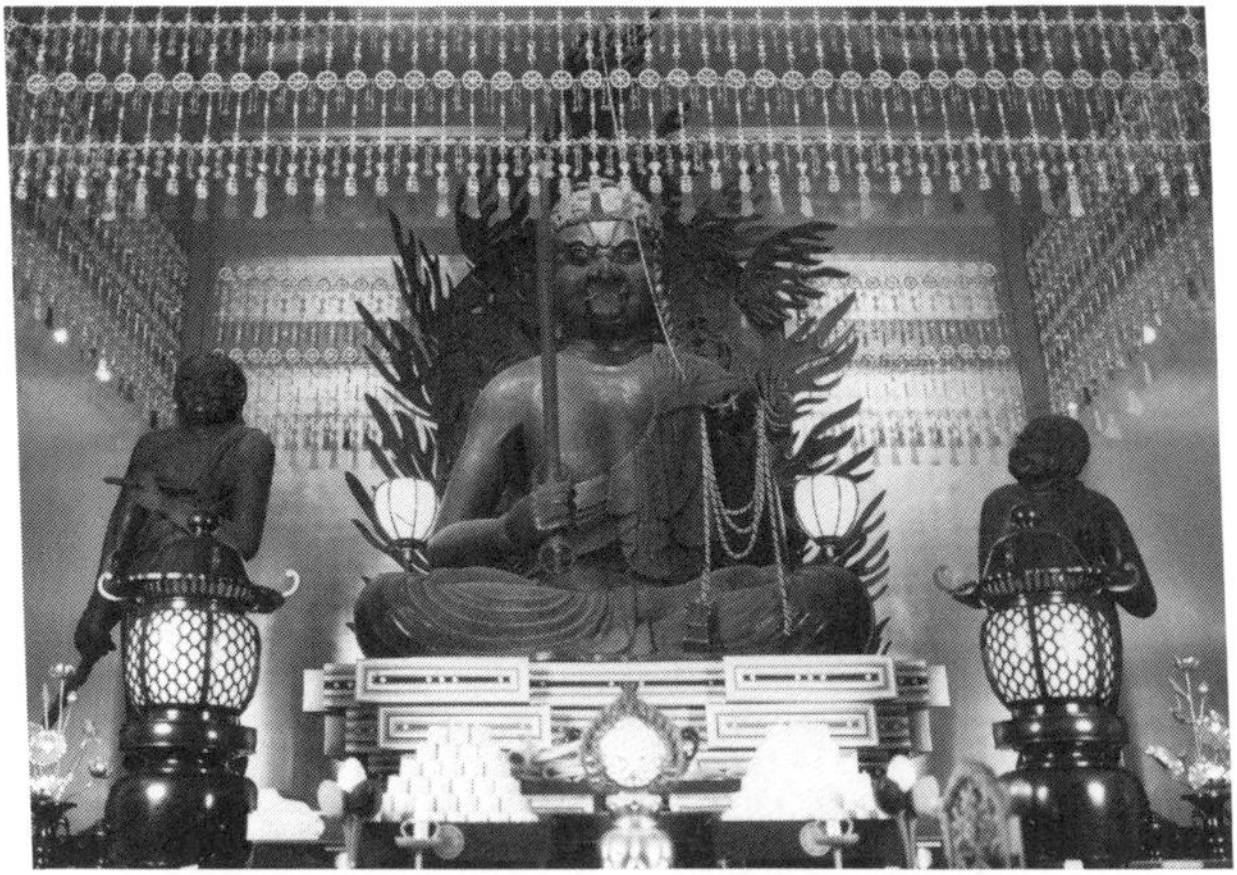

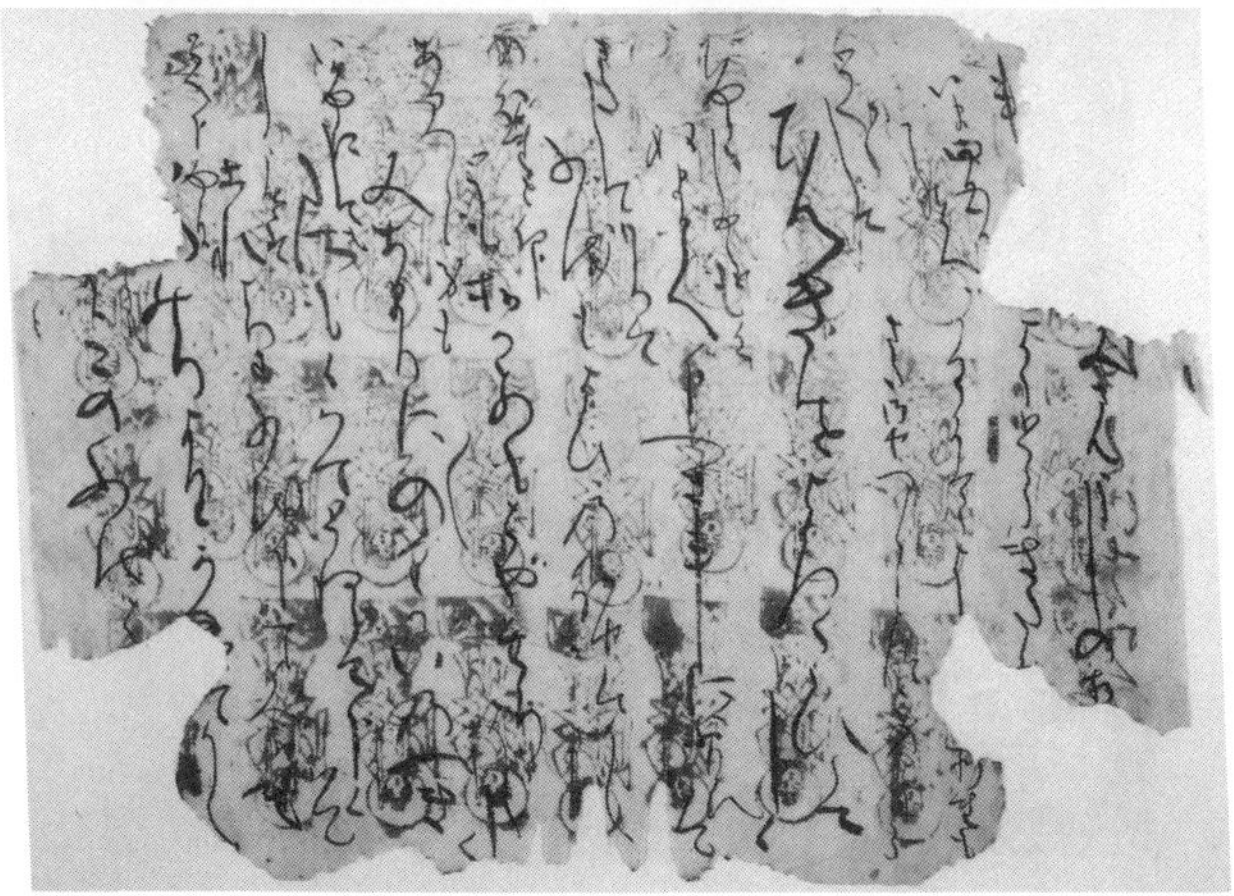

上　高幡不動尊金剛寺不動明王坐像
下　不動明王坐像の胎内から見つかった山内経之書状（『日野市史 史料集　高幡不動胎内文書編』1993）

手紙は、その菩提を供養するため、高幡不動尊の胎内に納められたのであった。

残された山内経之の家族や所領がその後どうなったのかはわからないが、当主が出陣中に所領が他人に押領されてしまうことは、この時代にはしばしば見られた。そもそも南北朝の動乱では、常に外敵から攻撃を受ける恐れがあったのである。

そうした時、山内経之が新井殿を信頼していたように、頼りになるのは周囲の武士たちであった。彼らは一致団結して動乱を生き抜くことを選択する。こうして南北朝時代には各地で武士たちの一揆、国人一揆が結ばれるようになった。その規模はさまざまで、兄弟どうし、もしくは一族で一揆を結ぶものから、薩摩・大隅・日向《ひゅうが》の南九州三箇国にまたがる大規模な国人一揆が結成されたこともある。

一揆を結ぶに際して、協約内容を書き記した一揆契状《いっきけいじょう》が作成された。その内容を見ると、戦争に際して一致団結して戦い、一揆メンバーが外敵から攻撃を受けた際には全員で防戦にあたることを誓約するとともに、一揆メンバーの中で紛争が起こった場合には一揆中の話し合いによって平和的に解決することがうたわれている。国人一揆は外敵に対する攻守同盟であると同時に、一揆メンバー内における平和を実現して、それぞれの所領の保全をはかろうとしたのである。

## †戦争と民衆

再び南北朝動乱の戦場に目を向けてみると、「野伏《のぶせり》」と呼ばれる歩兵の活動が目につく。『太平記』の記述ではあるが、数千もの野伏が戦場に現れることもあったという。モンゴル襲来に対峙した鎌倉幕府軍が源平合戦以来の騎馬武者中心の編成であったことを考えると、この間に戦術・戦法の大きな変化があったことがうかがえる。

ただし彼らがもっとも活躍したのは戦場の周辺であった。敵をおびき寄せる陽動作戦に出たり、敵陣の背後にまわり込んで兵糧の搬入を遮断したりしている。そもそも野伏には戦場近くの人間が動員されており、地の利を生かしたゲリラ戦を得意としていたのである。中でも注目されるのが、彼らがしばしば敗走する兵士を襲って、武器や馬、衣装を略奪する「落ち武者狩り」を行っていたことである。

近年の研究では、戦国時代の民衆は単に雑兵として駆り出されるだけではなく、むしろ戦場での略奪に積極的に加わることによって生活の糧を得ていたことが明らかにされているが、同じような現象が南北朝時代の戦場でも見られたのではないだろうか。『太平記』などでは、野伏として動員されたのは、悪党や「溢《あぶ》れ者」といったアウトローたちとされているが、一般の民衆も野伏と無関係だったとは考えられない。

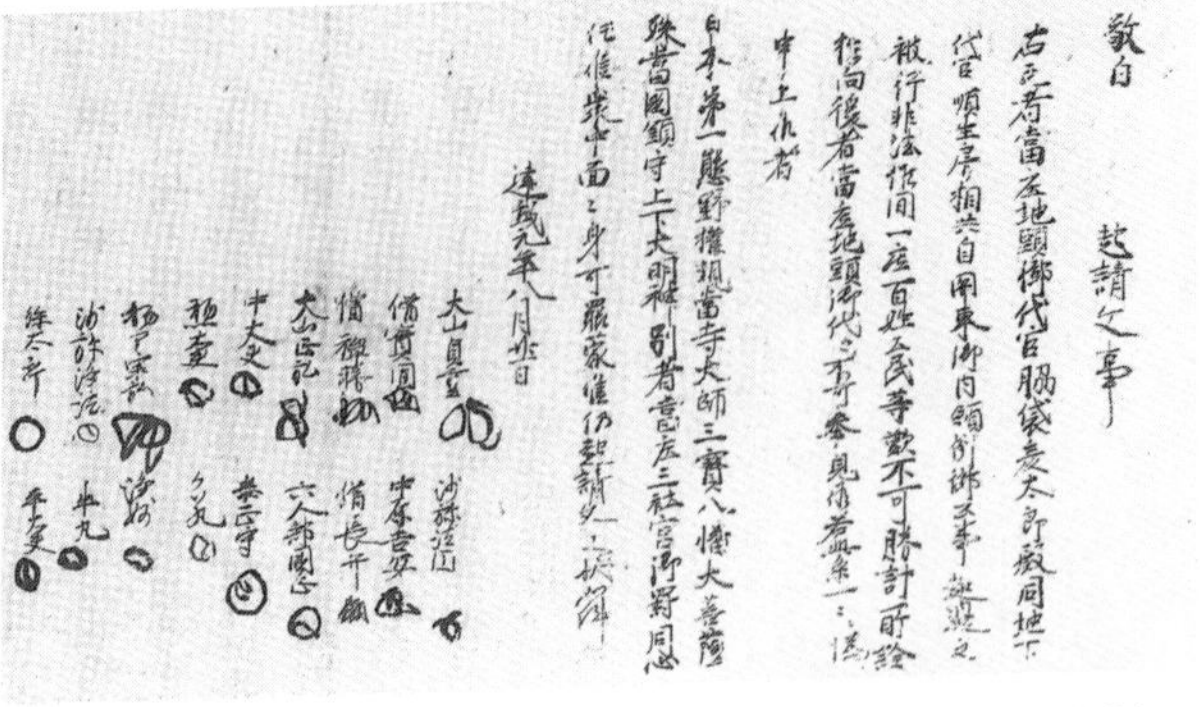

若狭国太良庄大山貞重等連署起請文（東寺百合文書。京都府立京都学・歴彩館蔵）

その点で興味深いのは、一三七五年（永和元）八月、紀伊国で幕府軍による南朝軍の掃討作戦が行われた時、領主である高野山が制止したにもかかわらず、高野山領の荘園から野伏が戦場に出ていったとされていることである。戦場を「稼ぎ場」とみなす住民の姿が浮かび上がってくるのではないだろうか。しかも、彼らは幕府軍・南朝軍の双方に加わったという。高野山領の住民にとっては、戦場で稼げればよいのであって、南朝もしくは北朝・室町幕府のどちらにつくかはどうでもよいことだったのである。

戦争でもっとも大きな被害を受けたのは戦場周辺の住民たちであった。東海道に接する美濃国大井《おおいの》荘《しょう》（岐阜県大垣市）では、往来する軍勢の略奪にあい、牛馬のみならず、米や大豆など食料も全て奪い取られ、住民たちは餓死寸前においこまれたという。このような悲惨な状況が各地で見られたことは間違い

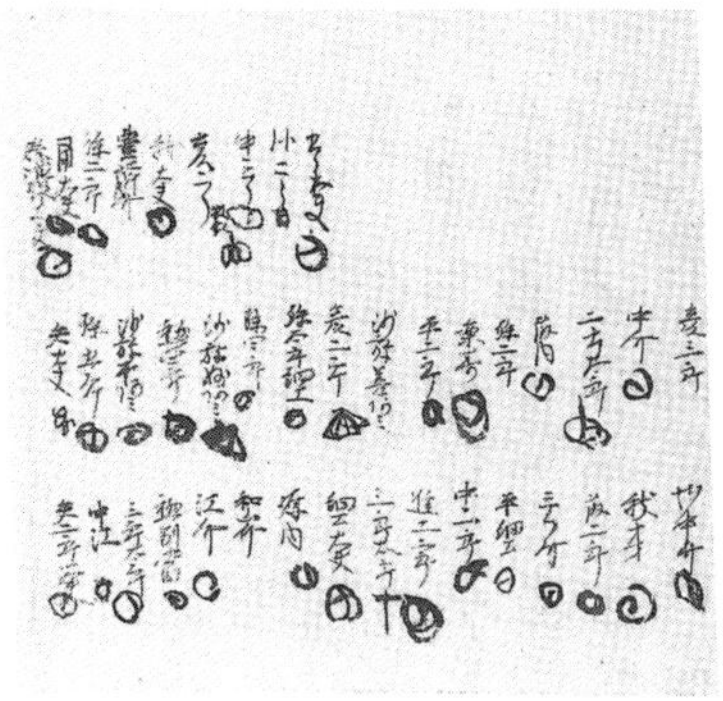

ないことであるが、その一方で、野伏の姿からは中世の民衆のたくましさも見てとれるように思われる。さらに言えば、彼らのたくましさ・したたかさが南北朝の動乱を長引かせる原因であったことも見逃してはならない。

### †荘家の一揆から惣村へ

東海道を往来する軍勢により略奪され、餓死寸前と言われた大井荘の住民も実はたくましかった。彼らは「命を捨てても軍勢と問答して、その乱入や狼《ろう》藉《ぜき》を防ごう」と一致団結して自衛に立ち上がり、毎日のように警戒にあたって荘園を守り抜いたのであった。その後も守護や国司から兵糧米《ひょうろうまい》や軍勢を出すよう脅しを受けても、さまざまな手段を使って応じなかった。そして、これらにかかった経費は莫大であったとして、その補償に年貢の免除を領主の東大寺に求めたのである。

戦乱のみならず、自然災害もあいつぎ、中世の生活環境は私たちが想像する以上に厳しかったことが明らかにされている。飢饉や疫病もしばしば発生した。そうした中、荘園の住民たちは自分たちの生活を守るため、年貢の減免を領主に求めた。その時、彼らがとった手段も一致団結であった。住民の総意に基づいて百姓申状《ひゃくしょうもうしじょう》と呼ばれる文書を提出して年貢免除などを訴え、要求が聞き入れられない場合は集団で耕作を放棄したり、逃散《ちょうさん》したりして、領主とねばり強く交渉した。こうした荘園の住民たちの団結を「荘家《しょうけ》の一揆」という。先にふれた武士たちだけではなく、中世の民衆も一揆を結んでいたのである。

荘家の一揆は鎌倉時代から見られたが、南北朝の動乱は彼らの団結をより緊密なものにしていった。実は荘園の住民たちの間にも身分や階層の差があり、鎌倉時代の荘家の一揆は一部の有力農民によって主導されたものであった。ところが南北朝時代になると、中小の農民たちも一揆に加わってくるようになる。若狭国太良荘《たらのしょう》（福井県小浜市）では一三三四年（建武元）八月、住民たちが一揆を結び、領主代官の解任を求める起請文《きしょうもん》を作成したが、そこには五十九名もの住民が名前を連ねている（一四四～一四五頁図版参照）。名のりや花押《かおう》（サイン）の書き方などから、十人ほどの有力者と大多数の中小農民たちが一致団結していることが読みとれる。荘家の一揆はその基盤を拡大していったのである。

さらに、荘園のもとで、人々の日常生活の場であった村においても住民たちは団結し、自立的・自治的な生活を営むようになる。このような村を惣村という。惣村では惣掟《そうおきて》という村独自の規約を定めたり、村の治安を維持するために村人自身が警察権や裁判権を行使したりした。惣村の運営は寄合《よりあい》という会議によって行われたが、年長者が「乙名《おとな》」としてその指導にあたり、「若衆《わかしゅう》」と呼ばれた若者はそのもとで警察などの実務にあたった。荘家の一揆に比べてより平等な組織になっているのが惣村の特徴である。

惣村は対外的にも存在感を増していく。領主に対しては、個々の農民に代わって、惣村が年貢を請け負うようになる。用水や山野の権益をめぐる近隣との紛争では、惣村が主体となって幕府や領主の法廷で争い、あるいは若衆を中心に実力行使に及ぶこともしばしばであった。惣村の実力は周辺の武士たちも注目するところで、彼らから軍事協力を求められることもあった。

惣掟はすでに鎌倉時代には登場しているが、惣村の姿が明確になってくるのは南北朝時代以後のことである。発掘調査の成果によると、近畿地方では十二世紀ごろから集落の遺構が発見されるようになるが、その多くはしばらくすると廃絶してしまうという。先にふれたように、当時の生活環境は厳しく、なかなか安定的な生活が営めなかったのであろう。一方、十四世紀後半になると遺構そのものが見つからなくなるが、それは現在の場所につながる集落が成立してきたことを示すと考えられている。惣村の成立・発展が人々の生活に安定をもたらしたことが読みとれよう。

南北朝の動乱は貴族や武士、民衆の社会と密接な関係にあった。当時の社会状況が動乱のあり方に影響すると同時に、動乱を生き抜くために社会も変化した。この時代に産み出された国人一揆や惣村はさらに発展し、その後の社会の基礎として重要な役割を果たすようになっていく。

## さらに詳しく知るための参考文献


佐藤進一『日本の歴史九　南北朝の動乱』(中公文庫、一九七四/新装版二〇〇五)……もっともよくまとまっている南北朝時代の通史。武士社会の動きに詳しい。

村井章介『日本の中世一〇　分裂する王権と社会』(中央公論新社、二〇〇三)……時代を代表するエピソードに焦点を据えたユニークな南北朝時代史。政治・社会・文化を関連づけて論じる。

榎原雅治『室町幕府と地方の社会　シリーズ日本中世史3』(岩波新書、二〇一六)……南北朝時代から室町時代までを通観する。天皇・将軍から村落までを視野に収める。

市沢哲編『太平記を読む』(吉川弘文館、二〇〇八)……野伏に注目した高橋典幸「太平記にみる内乱期の合戦」など、『太平記』を通じて南北朝時代に迫ろうとする論考を収める。

藤木久志『雑兵たちの戦場――中世の傭兵と奴隷狩り』(朝日新聞社、一九九五/新版二〇〇五)……中世社会の苛酷な実態を直視し、戦場を稼ぎ場とする民衆の姿を浮かび上がらせた画期的な一書。

峰岸純夫『中世　災害・戦乱の社会史』(吉川弘文館、二〇〇一)……気候変動、それにともなう災害・飢饉などが中世社会に大きな影響を与えたことを論じる。

第9講

# 室町文化と宗教

川本慎自

## †道元が出会った老僧

室町時代に生まれた様々な文化が、その後の「日本文化」の原型になっているということはよく語られるが、そうした室町文化は、水墨画などに見られるように、仏教とくに禅宗と深い関わりをもっていた。ではなぜ禅宗がこのような文化に影響を与えたのだろうか。そのきっかけの一つは、中世に日本に伝わった禅宗の考え方と組織にある。本章では、そうした文化と宗教の関係について考えてゆくが、まず時代を少し遡って、鎌倉時代の禅宗の様子を見てみることからはじめたい。

鎌倉時代、日本から中国（宋）に留学し、禅宗を伝えた僧侶の一人に、道元がいる。その道元が著した『典座教訓《てんぞきょうくん》』のなかに、道元が中国へ到着したまさにその日のエピソードを思い起こして語っている一節がある。あらすじを簡単に紹介しよう。

一二二三年（貞応二）五月、商船に便乗して中国・慶元府（寧波《ニンポー》）の港に到着した道元は、上陸許可を待って停泊した船に滞在していた。そこへ一人の老僧がやってきて、商船から日本の食材を買い求めていった。道元がその老僧に声を掛けてみると、この老僧は寧波近郊の阿育王山広利寺で典座《てんぞ》（寺内で食事を作る役職）を務めており、寺僧に麵汁をふるまうために「倭椹《わじん》」（椎茸あるいは桑の実とされる）を買いにきたという。会話を交わすうちにこの老僧の深い見識に惹かれた道元は、老僧を夕食に招待しようとするが、老僧は「寺僧たちが食事を待っているから」と辞退する。道元は思わず「料理のような雑用を、あなたのような立派な老僧がわざわざしなくともよいではないですか」と言ってしまうが、これに対し老僧は笑って「お若いの、あなたは文字を学ぶということが何なのか、まだわかっていないようですな」と言って帰ってしまった、という話である。

このエピソードからどのようなことが読み取れるだろうか。ここで注目したいのは、最後の老僧の一言の背景にある意味である。これは単に食事が重要だということを述べるだけのものではない。およそ禅を学ぶということは書物経典を読むことにとどまるものではなく、日常生活（作務《さむ》）のすべてがそのまま修行になるのだ、という中国禅の考え方を語っている。この考え方に衝撃を受けた道元は、修行とは何なのか、食事を作るとはどういうことか、と考えを深め、ついには日本へ帰国後に『典座教訓』という書物を著し、日常生活のなかでの修行を説くことになるのである。現代でも一般に修行というと、廊下を雑巾掛けしたり、庭の玉砂利を掃き清めたりと、一見仏教とは何の関わりもない生活の作業をするようなイメージがあるが、その源流もこの「生活即修行」という考え方に求められよう。

## †東班衆と西班衆

さてこの禅宗の考え方は、中国の禅宗寺院の規則（清規《しんぎ》）に定められた組織形態のなかに明示的に体現されている。禅宗寺院の組織は、大きく分けて西班衆《せいばんしゅう》と東班衆《とうばんしゅう》の二つに分けられる。西班衆は首座《しゅそ》（僧堂における修行の牽引役）、蔵主《ぞうす》（経典・書籍の管理役）など、学問や儀式に関わる役職であるのに対し、東班衆は都聞《つうぶん》（財務の総責任者）、直歳《しっすい》（建物・田畑の管理役）など、経営や日常生活を担当する役職であり、先ほどの典座も東班衆に含まれる。そして、「日常生活もすべて修行」という考え方を反映して、西班衆（学問担当）と東班衆（生活担当）は対等である、と位置づけられているのである。

このことは鎌倉時代の日本人にとってはかなり画期的な考え方で、それまでの日本の寺院、たとえば比叡山では、教学に関わる僧（学生《がくしょう》）が高僧なのであって、寺院経営や日常生活に関わる僧（堂衆《どうしゅ》）は一段低いものと見られていた。だから道元は「料理のような雑用をわざわざしなくても」と言ってしまい、典座の老僧の返答に衝撃を受けたのである。こうした中国禅の考え方を踏まえて、日本の禅宗寺院でもこの西班衆と東班衆が対等という理念を受け継ぐことになる。これは道元が伝えた曹洞宗のみならず、栄西《えいさい》〔ようさい〕らが伝えた臨済宗にも同じように取り入れられた（以下は主に臨済宗を中心として話を進める）。そして日本の禅宗寺院で東班衆となった僧のなかには、勧進聖《かんじんひじり》や放下僧《ほうかそう》など、諸国を巡り歩いて寄附を集めることを仕事とする、従来の仏教ではさらに下位に位置づけられる僧侶の系譜を引く者もいたが（原田正俊『日本中世の禅宗と社会』吉川弘文館、一九九八）、そうした僧であっても、西班衆と対等という原則をもっていたのである。

もちろんこれはあくまで理念上の話であって、実態としては五山十刹《ござんじっさつ》などの大寺の住持として出世するのはほとんどが西班衆出身の僧であった。しかし南北朝時代には東班衆出身で住持までのぼり詰める僧も何人か確認できる。たとえば東谷圭照《とうこくけいしょう》という僧は鎌倉円覚寺の東班衆で、円覚寺の修造司《しゅうぞうし》（建物修繕の役職）を務めたのち、一三六二年（康安二）に三河の長興寺の住持となっている。長興寺は五山十刹に次ぐ諸山に位置づけられる禅寺である。ところがその後一三七四年（応安七）、円覚寺が火災にあい全山が灰燼に帰した際には、東谷圭照は円覚寺の都聞として呼び戻されており、再建復興のために奔走することとなる（『空華日用工夫略集』『空華集《くうげしゅう》』）。東班衆から住持となり、晩年に再び請われて東班衆としての手腕を発揮するという、道元の出会った老典座のような生涯を送った禅僧はたしかに日本にも存在していたのである。そして、この「東班衆」という存在がその後の室町時代の文化に大きな影響を与えることとなる。

## ✝水墨画と東班衆の仕事

南北朝時代から室町時代の初めにかけては、水墨画の専門画家が出現した時期とされるが、明兆《みんちょう》や周文《しゅうぶん》など、初期の水墨画家が禅僧であったことはよく知られている。この二人は名前の下の一文字を取って「兆殿司」「文都管」と呼ばれているが、「殿司《でんす》」は仏堂装飾担当の役職、「都管《つがん》」は先ほどの都聞と同義で会計の責任者、いずれも東班衆なのである。「兆殿司」こと明兆は京都東福寺の僧であり、東班衆として寺の建物の整備や装飾を担当していた。そこでは、仏堂を彩る様々な美術、たとえば襖や掛軸などを入手し、傷んだところがあれば修繕する、という作業を行うこととなる。その延長線上に、自ら水墨画を制作するという活動が含まれてくるのは容易に想像できるところである。つまり、室町水墨画は東班衆の仕事から生まれたといっても過言ではない。

その後に活躍した水墨画家たちも、東班衆としての職務に従事していたことがうかがえる。「文都管」こと天章《てんしょう》周文は、相国寺《しょうこくじ》の都聞として寺院経営の全般に関わっており、一四二三年（応永三十）には幕府の遣朝鮮使に同行して大蔵経《だいぞうきょう》を入手する実務を担う一方、朝鮮の様々な風景を実見して水墨画に描いている（『村庵小稿《そんあんしょうこう》』『蔭凉軒日録《いんりょうけんにちろく》』）。一四三六年（永享八）に焼失した京都八坂の雲居寺《うんごじ》の再建に携わった際には、仏像（阿弥陀如来像）の制作を発注した京都の仏師が争いを起こして解任されてしまったため、周文が自ら奈良の仏《ぶっ》所《しょ》（仏像制作工房）に乗り込んで制作の指揮をしている（谷信一『室町時代美術史論』東京堂、一九四二）。さらには袈裟の裁縫の手配まで行っていたことも指摘されており（毛塚万里「室町殿の御袈裟下賜と「針工」の成立」『武蔵大学人文学会雑誌』二三―一、一九九一）、都聞として寺院で用いる様々な什器《じゅうき》を発注することをきっかけに、水墨画にとどまらない様々な美術制作に関わる多彩な才能を発揮していたことがわかる。

国宝『瓢鮎図《ひょうねんず》』（退蔵院所蔵）を描いた大巧如拙《だいこうじょせつ》も京都相国寺の僧であった。如拙には、将軍足利義持が夢《む》窓疎《そうそ》石《せき》の碑文を建てようと思い立った際に、碑にふさわしい石を捜すことを命ぜられ、はるばる四国まで探し歩いて巨石を見つけたものの、あまりに大きすぎて京都まで運ぶことができなかったという逸話が残っている（『臥雲日件録跋尤《がうんにっけんろくばつゆう》』）。碑の石を探すということは、庭園の整備を担当していたということになるのであろう。禅寺の庭園の玉砂利を掃き清めるところからはじまり、木や石に彫刻すること、そして絵を描くことに至るまで、一貫して東班衆の仕事であり修行であった。そしてそれは室町水墨画の成立に大きな関わりをもっていたのである。

さて、如拙が将軍から石を探すように命じられたことからもわかるように、周文や如拙は、禅宗寺院内の絵画制作にとどまることなく、幕府あるいは将軍からの依頼にこたえて制作することもしばしばであった。これをもって幕府の「御用絵師」としての役割を持っていたとされる。『瓢鮎図』も将軍足利義持の求めに応じて、「瓢箪《ひょうたん》でナマズを捕らえるにはどうしたらよいか」という問題への答えを、如拙の水墨画と三十一人の禅僧の漢詩で表現した、詩画軸と呼ばれるものである。『瓢鮎図』が何を表しているのか、禅の公案《こうあん》なのか、それとももっと別の何かを比喩しているのか、美術史や禅宗史の観点から様々な議論があるところであるが（島尾新『絵は語る5　如拙筆瓢鮎図』平凡社、一九九五、芳澤勝弘『「瓢鮎図」の謎』ウェッジ、二〇一二）、ここではこの詩画軸が作成された場面に注目したい。

すなわち、中世においては必ずしも画工の地位は高くなかったにもかかわらず、将軍邸のサロンでは詩文を書く僧と絵を描く僧が一緒になって瓢箪とナマズの頓智に興じていたのである。この背景には、詩文の学問と絵画の技術はどちらも等しく修行につながるものであり、西班衆と東班衆は対等に禅の答えを将軍に伝えうるという理念があったと考えられよう。将軍義持は禅に深く帰依《きえ》していたことが知られるが、「生活即修行」の考え方も理解していたのかもしれない。

そしてこの後、雪舟《せっしゅう》・祥啓《しょうけい》・雪村《せっそん》といった画僧が次々と現れる。彼らは必ずしも東班衆出身というわけではないが、その活躍はそれまでの東班衆の築きあげた基盤の上に成り立っていたといえよう。

## †東班衆の排除の動き

ここまで東班衆と美術との関わりについて見てきたが、歴史に詳しい方はこれに若干の意外さを感じるかもしれない。通史的な日本史では、東班衆というのは禅宗寺院の荘園経営や金融経営などの場面でしか現れず、寺院の世俗化の象徴のような、文化とはほど遠い集団に見えるからである。たしかに東班衆の職務の中心は寺院の財務であり、その一環として金融業を営んでいた。しかし実はそのことさえも、単に経済の分野だけではなく、文化の展開に深く関わってくるのである。

東班衆と西班衆は対等という理念が色濃く残っていた南北朝時代から時がたち、室町時代も中盤から後半、応仁の乱を迎えるころになってくると、東班衆の職務は会計・財務の側面、つまり寺領荘園の徴税や金融経営といった仕事の占める割合が大きくなってゆく。そうなると学問を担当する西班衆との乖離は大きくなり、寺内でも学問上の行事・儀式から東班衆を排除しようという動きが見えるようになる。

こうした動きが高まってきた一四八九年（長享《ちょうきょう》三）、京都相国寺で一つの騒動がもちあがる（朝倉尚『禅林の文学――詩会とその周辺』清文堂出版、二〇〇四）。相国寺の塔頭《たっちゅう》禅昌院《ぜんしょういん》の単尺詩会に維那《いの》衆《う》（東班衆）が一人も参加を許されていないことに抗議して、東班衆が決起して相国寺住持らに訴状を提出したのである。いわゆる強訴《ごうそ》である。この詩会は多数の禅僧のほか細川政国も参加する晴れやかな会であった。強訴の発端は詩会への参加であるが、問題の本質は東班衆が西班衆に比べて不当に扱われているという不満であり、決着は寺内で付けることができずに前将軍足利義政の裁定にゆだねられることとなった。

義政は東班衆・西班衆の双方から意見を聴取し、出された裁定は「東班衆に詩文の才能のある者がいないのだから、詩会に参加できないのは当然である」というものであった。西班衆側の勝訴である。しかしその一方で「もし将来、東班衆に才能のある者が出てきたならば、あらためて考えるべきである」とも述べている。つまり、東班衆が詩会に参加する可能性自体は否定していないのである。そしてこの騒動の責任を取って鹿苑僧録《ろくおんそうろく》（五山寺院の統括役、西班衆）の月翁周鏡《げっとうしゅうきょう》は職を辞することとなっており、結果は双方の痛み分けともいえる。

そして重要なのは、実態として詩会への東班衆の参加が認められることはなかったが、本来は東班衆と西班衆は対等であり、詩会にも隔てなく参加できるはずという理念を再確認したということであろう。「生活即修行」の考え方は辛うじて生き残っていくのである。

## 東班衆の計算技術と学問

このように、室町時代後半になってくると、経済面に特化していった東班衆は、詩文の才能では西班衆に劣っていたかもしれないが、それでも学問分野のことにも参加しようという意志は持っていたのである。実際に、この時期の禅宗寺院においては、禅宗祖師《そし》の語録や中国古典をテキストに、高僧が大勢の僧に対して講義する「講筵《こうえん》」がしばしば行われていたが、この講筵には多くの東班僧も詰めかけて聴講していたことが確認できる。

このことは講義内容にも影響を与えたと考えられる。たとえば一四三七年（永享九）に建仁寺《けんにんじ》の江西龍派《こうせいりゅうは》が杜甫の詩について講義した際には、農村風景を詠んだ詩の解釈をするなかで、赤米の産地や湿田の耕作方法など、農業生産についての実際の知識を語ったりしている。これは、荘園経営にも関わる僧が聴講しているのを意識して、より実用的な具体例を挙げたものであろう。つまり、東班衆が聴講することによって、講師の側にも講筵を実社会へ着地させようとする意識が働いてくることとなる。

また別の講筵を見てみよう。一四七四年（文明六）から数年間、相国寺の桃源瑞仙《とうげんずいせん》が『周易《しゅうえき》』を講義している。『周易』は『易経《えききょう》』とも呼ばれ、儒学の基本典籍（四書五経）の一つである一方で、いわゆる易占《えきせん》のテキストとしての側面ももつ。易占といえば易者が筮《ぜい》竹《ちく》の本数を数えて占うというイメージがあるが、『周易』の根本原理としては、世界の様々な事象を卦、つまり数の組み合わせで分類して、状況や運勢を説明しようというものである。たとえば方角や日付なども干支と卦を使って数に置き換え、それを計算することによって易占の結果を出すことになる。このような事情で、儒学の典籍である『周易』を理解するためには計算技術が不可欠ということになる。

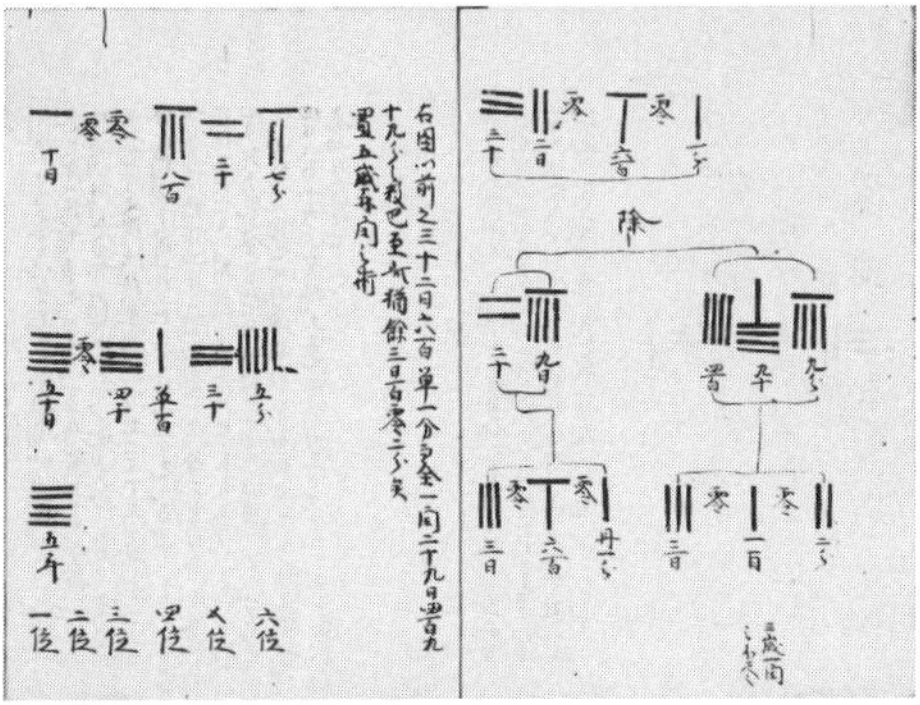

『易抄』巻七、25丁（京都大学附属図書館）

さてこの桃源瑞仙の『周易』講筵においても、理解するための前提として計算のやり方を基礎から解説することになった。上の図版は桃源瑞仙が講義のために作成したノートの一部であるが、一見して分かるように中世の計算道具、算木《さんぎ》を図解している。この前後およそ三〇ページにわたって算木を使った計算方法を解説しているのである。

しかし、桃源瑞仙は相国寺の西班僧で、冒頭の道元と老典座の言い方を借りれば「文字を学んでいる」僧である。『周易』のみならず、『勅修百丈清規《ちよくしゆひやくじようしんぎ》』などの禅籍、『史記』などの歴史書、『東坡詩集』などの詩文集といった、あらゆる漢籍を注釈し講義しているが、それはあくまでテキストとして読んでいるのであり、算木による計算のような「手を使う」技術を学んだ形跡はない。にもかかわらず、どうやってこれほど詳細に算木の使い方を解説できるのだろうか。桃源瑞仙は講義の最後で、「算木の使い方については自分はよくわからなかったが、計算に詳しい僧が周囲にいたので、その僧に聞いて学んだ」と述べている。桃源瑞仙の周囲、相国寺にいた計算に詳しい僧といえば、それは東班衆であろうと考えられる。

先に述べたように、室町時代後半の東班衆は、寺領荘園における徴税や、金融経営などを手広く手がけていた。たとえば金融業を営むには何が必要であろうか。元手となる銭貨や広い人脈が必要なことはいうまでもないが、何よりもまず計算技術が必要なことは明らかだろう。禅僧が幼少時に学ぶ様々な書物のなかに『九章算術《きゆうしようさんじゆつ》』という算法書があるが、この書にある例題を見てみると、川に堤を築くときに必要な土の量（体積計算）、離れた三箇所の領地から米を年貢として集める際の運搬費を考慮した最適な税率（割合計算）、貸したお金が三年にわたって順次返済されたときの利子の額（複利計算）など、荘園や金融の経営に密着した題材から取られている。東班衆はこのような形で実践的な計算技術を習得していたのである。

桃源瑞仙はこうした計算のやり方を東班衆から学び、『周易』講義において解説したのである。東班衆の側に蓄積されていた計算技術が、『周易』を理解するための前提として学ばれることになる。ついに東班衆の持っていた技術が西班衆の学問と融合することになるのである。

## †角倉家の家業と「科学」

このように禅宗寺院のなかで、学問の面においても実社会との接点や実用的な技術を重んじるという姿勢が生まれることになる。このことはこの後、戦国時代の社会のなかで大きな影響をもってくることとなる。

室町時代から戦国時代にかけて発展した金融業者、いわゆる土倉《どそう》の一つに角倉《すみのくら》という家がある。角倉は京都嵯峨《さが》の天龍寺の門前に根拠地を持っており、禅宗寺院との関わりが深かった。一族のなかには禅僧として出家した者もおり、東班衆として禅宗寺院の金融経営に関わっていた。たとえば伯蒲《はくほ》慧稜《えりよう》と寿珊《じゆさん》という二人の禅僧は角倉家出身で、とくに寿珊の所属する龍安寺《りようあんじ》真珠院の金融業は角倉とほぼ一体化して経営されていたことが指摘されている（加藤正俊「角倉氏と竜安寺」『禅文化研究所紀要』八、一九七六）。

そして角倉の家業は金融業にとどまらず、水運・貿易へと発展する。そして江戸時代初頭には角倉了以《りょうい》・素庵《そあん》父子が高瀬川運河開削などの土木事業を行ったこともよく知られる。これらの事業には計算技術が不可欠で、その背後には禅宗寺院と角倉家の間で計算技術が共有されていたことが想定できる。のちに日本最初の本格的算術書といわれる『塵劫記《じんこうき》』を著した吉田光由《みつよし》も角倉家の出身である（吉田は角倉の本姓）。角倉家は、禅宗寺院で培われた計算技術を吸収することにより、家業を発展させていったのである。

今回はあまり触れることができなかったが、同じように禅宗寺院のなかで培われてきた技術のなかに医学がある。角倉家出身の医師吉田宗桂《そうけい》は、天龍寺の禅僧策彦周良《さくげんしゅうりょう》とともに中国（明）へ渡り、医学を学んでいる。さらにこの後、戦国時代末から江戸時代初頭に、現代まで続く日本の漢方医学を形作った曲直瀬道三《まなせどうさん》という医師は、幼少時に相国寺蔵集《ぞうしゅう》軒《けん》に入門し、禅宗寺院でその学びを始めたとされる（『寛政重修諸家譜《かんせいちょうしゅうしょかふ》』）。道三の禅院における役職が何であったかは史料上に残されていないが、蔵集軒は代々東班衆によって継承される、東班衆が集う塔頭《たっちゅう》であった。道三の医学の基礎には、東班衆から伝えられたものがあったのである。

ここまで見てきたように、中国禅の「日常生活はすべて修行」という考え方は、東班衆と西班衆が対等という理念を生みだした。時には東班衆を下に見て排除しようという動きが現れたりもしたが、それでも理念としては対等という原則をもち続けることによって、東班衆の技術が西班衆の知識と融合し、実用的な学問となることができたのである。そしてそれは禅宗寺院の周辺の人々へ伝えられ、やがて江戸時代の数学や医学にもつながってゆく。

道元の出会った老典座の播いたささやかな種は、やがて室町文化のなかで花開き、そして様々な学問を受粉することによって、江戸の「科学」にも結実することになるのである。

## さらに詳しく知るための参考文献

鈴木大拙『禅と日本文化』（岩波新書、一九四〇）……昭和十年ごろに英米の大学で行われた講演を日本語に訳したもの。現代の研究水準からは細かい点で修正されるべきところもあるが、禅の「直覚的知識」から説き起こし、美術・茶道のみならず俳句・剣道に至るまで縦横無尽に論じるのは魅力的。

秋月龍珉『道元禅師の『典座教訓』を読む』（ちくま学芸文庫、二〇一五）……道元の『典座教訓』の全体をわかりやすい現代語訳で解説する。寧波で船を下りて留学を始めた道元は、その後中国の寺院でどんなことを考えたのか、そしてあの老典座に再会して何を語ったのか。気になる方はぜひご参照を。

竹田和夫『五山と中世の社会』（同成社、二〇〇七）……室町時代の東班衆はどのような活動をしていたのか、荘園経営・美術制作・建築経営・作事造園など、あらゆる角度から検討する。東班衆を専門に扱ったほぼ唯一の研究書。

今泉淑夫『人物叢書　亀泉集証《きせんしゅうしょう》』（吉川弘文館、二〇一二）……室町幕府と禅林との連絡役を務めた禅僧の伝記。東班衆とも協力して様々な事態に対処していたことが述べられ、東班衆がどのような生活を送っていたのかがうかがえる。

東島誠『自由にしてケシカラン人々の世紀　選書日本中世史2』（講談社選書メチエ、二〇一〇）……東班衆に直接関わるものではないが、第一部第Ⅵ章で、禅宗寺院のオープンな住持選考システム、「江《ごう》湖《こ》」の世界の理念と実態について述べる。同じ著者の『公共圏の歴史的創造』（東京大学出版会、二〇〇〇）でも『瓢鮎図』から江湖の世界を分析する。

第10講

# 中世経済を俯瞰する

中島圭一

## †商品生産への志向性

十世紀から律令制の解体が本格化するに際しては、国史・格式《きやくしき》の編纂停止や中央・地方の都城・官衙《かんが》等の縮小・再編などといった法制・政治面だけでなく、財政・経済面でも大きな変化があった。その中で中世経済の形成へと向かう出発点として注目したいのは、徴税・給与と物資調達のシステムである。

古代においては、国衙《こくが》にその国の調庸《ちょうよう》などの貢納物《こうのうぶつ》が集められた上で都に送られ、これを中央では国家機構（国家を宗教面で支えた寺社を含む）の維持経費や貴族・官人《かんじん》への給与などに配分・支給した。しかし、この徴税・給与システムが機能しなくなると、もともと某国の封戸《ふこ》何百戸などという形で必要経費や給与の財源を指定されていた寺院や貴族は、国衙と交渉して具体的な田地を支給元として設定させ、歳入確保のため現地から年貢を直接

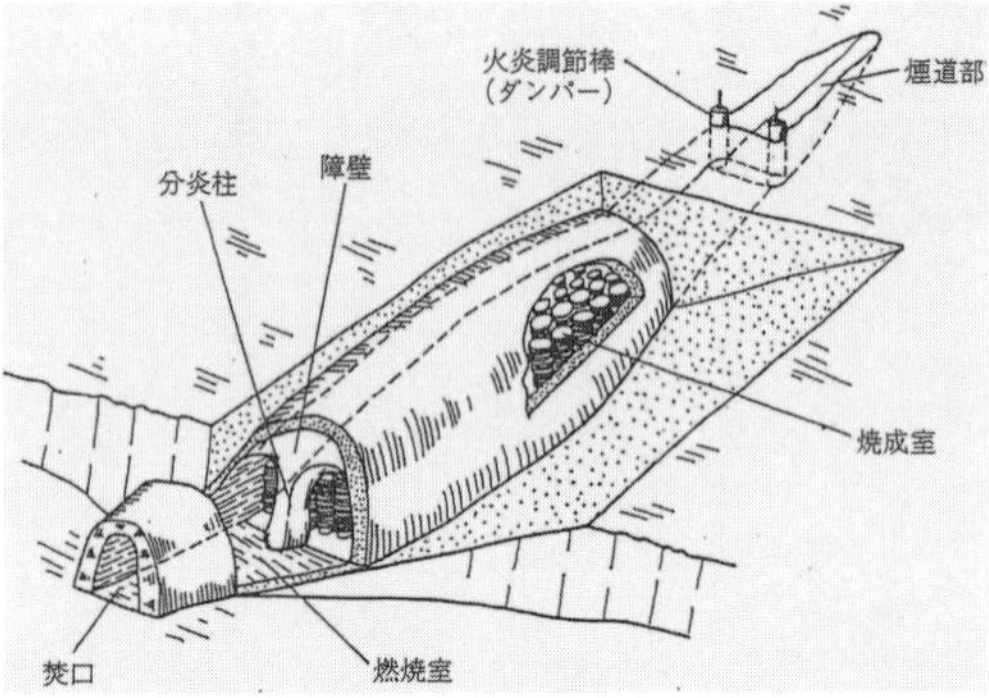

窖窯（あながま）模式図（山茶碗専焼窯。『愛知県史 別編 窯業2 中世・近世 瀬戸系』愛知県、2007）

徴収するようになる。その延長上に成立するのが中世荘園である。

他方、中央や地方の官衙で使用する調度や消耗品は、もともと朝廷や国衙の直営もしくはそれに近い形で運営される工房で製造・供給していたが、官衙の縮小に伴って需要が減少し、自立を強いられた職人たちは他に収入の道を探さなくてはならなくなる。そして十一〜十二世紀、モノの生産のあり方が大きく転換する。

例えば漆工《しっこう》においては、伝統的な上質品が下地として鉱物粒子や炭粉《すみこ》を生漆《きうるし》に混ぜたものを塗った上に何層も漆を塗り重ねるのに対して、柿渋《かきしぶ》に炭粉を混ぜたもので下地塗りを済ませた上に上塗りも一〜二層だけの渋下地《しぶしたじ》漆器《しっき》が登場し、武士層向けの廉価品として普及する（四柳嘉章『漆の文化史』岩波新書、二〇〇九）。京都に製品を供給していた東海地方の陶器においても、十一世紀末に古代の灰釉《かいゆう》陶器の技法が途絶えたのに代わって、無釉《むゆう》の山茶碗が在地向けの日常雑器として広がり、次いで十二世紀末から施釉《せゆう》の古瀬戸《こせと》が出現して、高級な輸入陶磁器のコピーを相対的に廉価で鎌倉幕府の御家人とその周囲の都市住民に提供した（藤澤良祐執筆、『愛知県史　別編　窯業2　中世・近世　瀬戸系』二〇〇七）。また、中国山地の製鉄では、古代の一般的な箱型炉に比べて長さを二倍以上、炉内容積を七～九倍に拡大し、生産の量と効率を格段に向上させている（角田徳幸『たたら吹製鉄の成立と展開』清文堂出版、二〇一四）。

これらの事例から、職人たちが自分の作った製品を販売して生計を立てるため、コストを抑えた普及品にシフトしていることがうかがえよう。すなわち、中世的生産の特徴は商品生産への志向性にあり、初期におけるその販売ターゲットは新興の武士層であった。特に幕府の発足後は、鎌倉に集う御家人向けの商品として、前述の古瀬戸のほか、箱根安山岩製の五輪塔・宝篋印塔《ほうきょういんとう》や比企《ひき》・秩父の緑泥石片岩《りょくでいせきへんがん》製の板碑《いたび》、漆器にスタンプで文様を捺して彩った鎌倉産の型押漆絵《かたおしうるしえ》などが続々と開発され、生産を伸ばすことになる。

## †荘園制的流通の成長

中世には職人たちによる商品生産が本格化しただけでなく、流通ネットワークの整備も進んだ。そこには本講冒頭で触れた荘園制という、この時代における最も基本的な社会経済システムの特質が関わっている。

国衙が一国の貢納物をまとめて中央へ送っていた古代には、積出港としてはほぼ国府津《こうづ》（国府の外港）だけで事足りたが、一国に複数の荘園が立てられ、中央の貴族や寺社などの権門へ年貢を直接送るようになると、その多くが倉敷（年貢積出港のこと）を設けて利用するようになり、港の数は飛躍的に増加する。しかも、律令制の下では国家機構を駆使して徴収・輸送を実現していたのに対して、貴族の家政機構は甚だ貧弱であり、それよりは多くの人材を内部に抱えた寺社も含めて、荘園経営に伴う年貢輸送などの実務は外部委託《アウトソーシング》がなされやすかった。

こうした事情を背景として、数が大幅に増えた港と港とを結ぶ航路網が築かれ、廻船《かいせん》が行き交うようになっていく。十三世紀初頭には米十石の輸送に「便船《びんせん》」を用いた事例があり（『鎌倉遺文』五巻三七二三号）、その程度の貨物であれば殊更に船を仕立てなくとも、依頼に応じて便乗を受け入れる船を見つけるのが容易になっていたことが知られる。

しかも、荘園制にとって交易は不可欠であった（桜井二〇〇二）。年貢として油や鉄などを徴収する場合も賦課は田地に対して行われるので、収穫した米と所定の品目とを交易することが制度的前提となっており、十二世紀までに在地の市が成立していたとみられる。

また、荘園領主に納められる年貢米は自家消費量を遥かに超えており、余剰分は京都やその近辺の市で交易された。中世の流通システムは、荘園制が構造的に必要とし、荘園制を基盤として成長したのであり、まさしく荘園制的流通と呼ぶのにふさわしい。

そして、例えば一二三九年（暦仁《りやくにん》二）の鎌倉幕府法は、陸奥の特産品の絹が外来の商人によって盛んに買い付けられるために、本来は絹で納められるべき年貢が銭納《せんのう》されて、領主の利益を損なっているという認識を示しており（佐藤進一・池内義資編『中世法制史料集』第一巻　鎌倉幕府法　追加法九九条）、十三世紀前半には商品流通と貢納とが競合状態にあって、前者が後者を圧迫しつつあったことがうかがえる。

## †渡来銭流通と港町の発展

右の幕府法からも明らかなように、十三世紀前半には金属貨幣の使用が広まっていたが、この銭貨《せんか》は日本で造られたものではない。古代のいわゆる皇朝十二銭《こうちようじゆうにせん》の発行が律令制の解体とともに十世紀をもって放棄され、その後、米・絹・布（麻）が交換手段の役割を果たしていたところに、中国の北宋が大量に鋳造した銅銭を中心とする渡来銭の流入が始まる。大陸との窓口にあたる博多の発掘で宋銭が検出されるようになるのが十一世紀後半であり、十二世紀には唐坊《とうぼう》と呼ばれるチャイナタウンが形成されるこの地に宋人海商が持ち込み、おそらく初めは宋人たちの間で行われた銭貨のやり取りが、やがて唐坊に出入りする日本人の間にも広がっていったものと想像される。

銭貨の使用は十二世紀半ばまでに畿内まで及ぶことになり、十二世紀末期には朝廷が宋銭の流通を一時禁止したものの、禁令にはあまり効果がなく、十三世紀に入ると事実上黙認されるようになり、貨幣流通は本格的な発展へと向かう。

公権力の禁圧をはねのけて、流通の現場から国内通貨の地位を確立したのが中世貨幣の際立った特徴と言えるが、ではなぜそれほど強く宋銭が交換手段として求められたのであろうか。同じ時期に前述のごとく本格的な商品生産がスタートし、荘園制の展開が必然的に交易の活発化を促したとすれば、収穫期と端境期とで価値に変動が生ずる米や、織り方の精粗などで品質にばらつきが生ずる絹・布よりも安定した貨幣の必要性が高まっていたのは間違いない。また、朝廷の銭貨禁令以前の段階で既に諸国から中央への年貢進納《しんのう》に銭が用いられた形跡があり、米などよりも軽量でかさばらない支払手段に対する需要もあったとみられる。

国家による保証を欠くだけでなく、銅貨であるがゆえに素材価値も低い渡来銭が、なぜ人々の信認を得ることができたのかは不明だが、当時の社会が求める新たな貨幣の条件を具えたものがタイミング良く持ち込まれたことが、国内通貨としての受容につながったのは確かである。

渡来銭は十三世紀前期に絹・布の、十三世紀後期に米の交換機能を吸収し、十四世紀初頭にはモノの価値の統一的尺度として利用されるようになるなど着実に中世社会に浸透していき（松延康隆「銭と貨幣の観念」『列島の文化史』六、一九八九）、それとともに中央への年貢納入に銭貨を用いる代銭納《だいせんのう》が十三世紀後半にかけて一般化する。さきに触れたように荘園制は本質的に外部委託への志向性を帯びており、貢納物の売却を荘園側に委託して、銭貨で年貢を受領するこの方式は領主にとってメリットが大きかったのである。

中世日本における最大の消費地は京都であり、在地で売却された米などは多くが京都を目指すのは貢納と同じだが、商品という形をとって流通させることから、十三世紀後半、そのための拠点の整備が地方において急速に進む。市や港町の史料的所見が当該期に急増しており、例えば中世の港町遺跡として著名な草戸千軒町《くさどせんげんちょう》遺跡は十三世紀中頃に集落が成立した後、十三世紀後半から十四世紀初頭に道路や溝で区画された町として発展している。こうした各地の流通拠点の成長は、それらを核とする周辺の経済を活性化するとともに、港市を互いに結ぶネットワークを創り出し、後にみる地域経済圏の成立へとつながる第一歩となった。

†為替と金融

渡来銭の導入によって、それ以前の米や絹・布に比べて支払・交換手段が遥かにコンパクトになり、年貢納入や商取引における利便性は格段に向上したが、それでも銭一文（一枚）が四グラム弱、一貫文《かんもん》（＝千文）で四キログラム弱の重量があるため、数十〜数百貫文単位の年貢や取引代金ともなれば持ち運びも容易ではなく、現銭の形で遠隔地に送ろうとすれば輸送の手配や相応の運賃が必要となる。そこで、中世には替銭《かえせん》＝為替送金のシステムが発達し、盛んに利用されたのだが、特に注目されるのは、一回ごとに取り組む替銭だけでなく、割符《さいふ》と呼ばれる流通手形が存在したことである（桜井二〇〇二）。これは一ヶ十貫文と定額化された手形で、ひとたび振り出されて送金に用いられた後、送金を受けた受領者によって転売されるなどして、別の送金に利用され、二度、三度と送金に使用された。

広く各地から手形を持ち寄って決済する手形交換所のない中世日本において、一通一通の割符が流通しながら、最終的に振出人の許に戻って現銭化されるシステムが安定的に機能するには、資金が中央から地方へと向かう流れと地方から中央へと向かう流れとの間に著しい不均衡がなく、例えば京都付近で振り出された割符が地方への送金に用いられた後、スムーズに京都方面への送金需要をつかまえて戻って来るような経済的環境が必要である。

具体的には、京都の消費需要を支える物資を買い付けるために各地に赴いた畿内の商人が支払いに用いた割符が、現地の荘園関係者の手に渡って中央の権門領主への年貢納入に使用され、京都周辺の振出人の許に持ち込まれて決済されるというイメージを持つことが許されよう。一四六一年（寛正《かんしょう》二）に備中《びっちゅう》国新見荘《にいみのしょう》から京都の東寺への貢納に用いられながら現銭化できなかった違割符《ちがいさいふ》（不渡りとなった割符）が、備中からみて京都方向にあたる摂津渡辺ないし播磨《はりま》の商人が持ち込んだものであったことは、こうしたイメージが現実の構造であったことをうかがわせる一つの傍証である（『岡山県史　家わけ史料』「東寺百合文書」九〇五号、一一〇一号）。すなわち、京都に集住する権門領主が全国各地から年貢を収取する荘園制と、彼らが集住する最大の消費都市京都に全国の物資が集まる求心的経済構造との下、京都と地方との間で銭貨という重量物の輸送を相殺する役割を果たすことで割符の流通は発展したのであった。

中世は借上《かしあげ》・土倉《どそう》などと呼ばれる金融業者が史料に現れるようになった時代でもあるが、その成立・発展も荘園制と深く関わっていた。十三世紀初頭、権門領主の下で年貢収取に携わることを通じて私財を築き、これをもとに借上を営んだ人間が確認され、この前後から高利貸活動をもって知られていた山僧《さんそう》、すなわち延暦寺の下級僧侶たちも、山門領《さんもんりょう》においても同様の職責を果たすことを通じて資本を蓄積したものと推測される。この山僧たちの後身が「山門気風の土蔵《さんもんきふうのどぞう》」と呼ばれて、十四世紀の京都における土倉の大半を占めていくことを考えれば、中世の金融業は荘園制から生まれたと言っても大過なかろう。

他方、荘園領主に年貢が納められるのが主として収穫期に限られることから、端境期《はざかいき》に支出の必要が生じた時など、次に入る年貢による返済を約して当面必要な米や銭を借りる需要が広範に存在した。遠隔地の所領からの年貢収入を基盤に都市生活を送るという点で京都の権門と同一の存在形態をとる鎌倉の有力御家人においても、その家産経済に借上が深く食い込んでいたことが、例えば千葉氏などの事例に即して明らかにされている（湯浅治久「鎌倉中期における千葉氏の経済構造に関する一考察」『千葉県史研究第11号別冊』二〇〇三、井上二〇〇三）。十四世紀初期の京都には少なくとも三〜四百軒の土倉が営業していたが、これだけ多くの金融業者が存立し得たのも、荘園制の下における収入の季節性ゆえであった。

## †量産化とその影響

一三三三年（元弘《げんこう》三）の鎌倉幕府滅亡をきっかけに大きく変わるのが、生産の様相である。鎌倉の特産品だった型押漆絵は姿を消し、十四世紀中期以降、五輪塔・宝篋印塔や板碑は小型化や粗製化が進み、古瀬戸も高級陶磁器のコピーから日常の生活道具へと生産の中心を移し、技術面でも施釉方法を刷毛塗りから漬け掛けにシフトさせる。製品のコスト

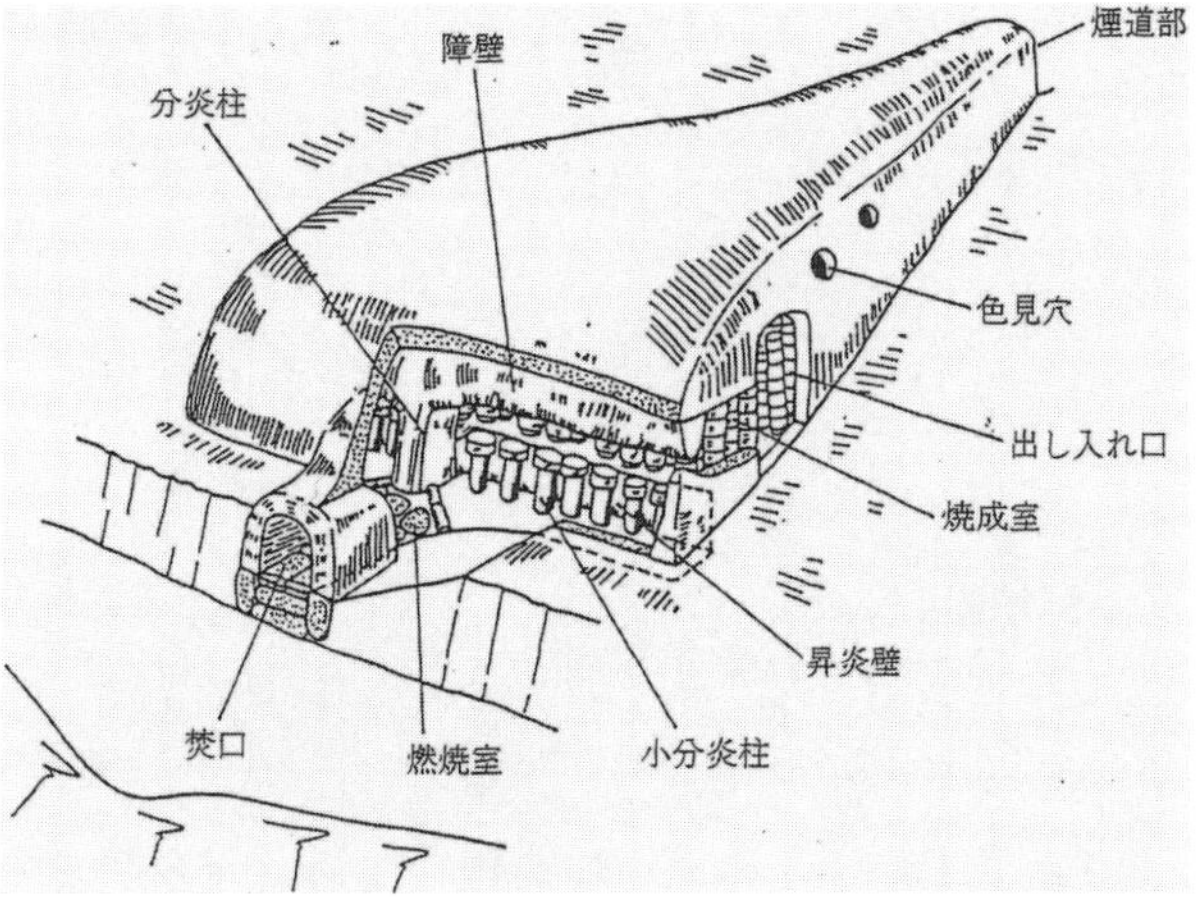

大窯模式図（瀬戸・美濃型。前図と同出典）

ダウンと量産化の方向性は明らかであり、鎌倉御家人という顧客を失った生産者が、それより経済力の劣る都市住民や村落上層を新たな対象として、廉価品の大量生産に乗り出したものと考えられる。

こうした方向性は、十五世紀に入るとさらにはっきりする。大鋸《おが》という新しい道具を用いて丸太から角材や板材《いたざい》を容易に、かつ無駄なく取ることができるようになって、量産化が進んだことはよく知られている。これに加えて、旧来の鉇《やりがんな》より容易に表面を平滑に加工できる台鉋《だいがんな》ないし鏟《せん》の導入により、榑板《くれいた》の側面を密着させる精密な加工が容易になって、結桶《ゆいおけ》・結樽《ゆいだる》という量産に適した木製容器が飛躍的に普及する（鈴木康之「桶・樽の発展と中世社会」小野正敏・萩原三雄編『戦国時代の考古学』高志書院、二〇〇三）。陶器の場合、少し下った十五世紀末期を画期として、東海地方では窖窯《あながま》の古瀬戸から、窯を地上に移して大型化させた瀬戸美濃の大窯《おお》に転換し（藤澤良祐執筆、『愛知県史　別編　窯業2　中世・近世　瀬戸系』二〇〇七）、日本海側では越前焼が地中の窖窯のままで大型化させて（小野正敏『戦国城下町の考古学』講談社、一九九七）、大量生産に踏み出す。ほぼ同時期に小田原の石工《いしく》は、中世前期の優品と同質の石材を箱根の山中に赴いて採取する代わりに、小田原近くの河口まで川が運んで来た転石を用いることでコストを下げ、五輪塔・宝篋印塔や石臼の量産を開始する（佐々木健策「西相模における石塔の加工と変遷」『小田原市郷土文化館研究報告』四五、二〇〇九）。十四世紀段階では既存の技術の範囲内で新たなターゲットに合わせた製品の生産を志向していたが、十五世紀にはさらに進めて、新しい道具や技法を取り入れた技術革新によって量産化を本格的軌道に乗せていることが看取されよう。

生産スタイルの変化は、流通にも大きな影響を及ぼした。例えば瀬戸美濃の大窯製品が尾張・美濃を中心に、小田原で量産された小型石塔が西相模を中心に明確な地域性をもって分布するのは、中世前期の古瀬戸が鎌倉及び鎌倉と関係の深い遺跡（十三湊《とさみなと》・瑞巌寺《ずいがんじ》境内・草戸千軒・博多など）に集中し、箱根安山岩の大型五輪塔・宝篋印塔を制作した石工集団が広く各地に赴いて地元の石材を用いた製品を注文生産していたのと、好対照を示している。鎌倉御家人を初めとする各地の領主に代えて、村落上層まで含めた幅広い層を販売のターゲットとするのに伴って、生産地の周囲に面的な広がりを見せる地域的流通圏が成立し、京都や鎌倉を媒介としない流通構造が形成されていくことになる。

## †中世経済の解体

十五世紀前半ないし半ばをもって砂に埋もれてしまった津軽の十三湊や加賀の普正寺《ふしようじ》遺跡、一四九八年（明応七）の明応の大地震の被害を受けた伊勢の安濃津《あのつ》や遠江《とおとうみ》の元島遺跡、十五世紀末に港町の機能を失い十六世紀初頭に完全に廃絶してしまう備後の草戸千軒町遺跡など、十五世紀から十六世紀初頭には港町の衰亡がいくつも確認されている。もし原因があくまでも災害や戦乱であるなら、事態が落ち着いた後に復興が試みられるはずで、十四世紀前半に最盛期を迎えた草戸千軒が、おそらくは南北朝内乱の影響による半世紀以上の空白期間を挟んで、十五世紀に繁栄を取り戻したのが良い例である。天災などのきっかけはあったにせよ、その港町が以後において必要とされなくなったとすれば、背景として物流ルートの変化を想定しなくてはならない。

十五世紀は荘園の不知行《ふちぎよう》が急速に増えていく時期なので、領主が集住する京都などへの年貢輸送が減少したことも要因の一つであった可能性はあるが、北方の物産を畿内方面へ送り込むための中継港であって、荘園の倉敷ではなかった十三湊がリストに含まれていることから、商品流通の問題が関係していたのは間違いない。とすれば、モノの量産化の進行に伴う地域的流通の成長の陰で、京都や鎌倉へと向かう物資の流れが次第に細くなり、旧来の物流ネットワークが維持できなくなっていたのであろう。中世の求心的な経済構造が崩れて、地域経済の分立が顕在化していったのである。

こうした流通構造の変容はその担い手の交代も促したようで、品川の鈴木道胤《どういん》など十五世紀に活躍した有力商人の子孫が十六世紀の史料に見出しにくくなる一方、京都の角倉《すみのくら》吉田氏や博多の神屋《かみや》氏などといった近世初頭の豪商の系譜は十五世紀まで遡ることができない。

右のような経済変動を前提に、十五世紀を通じて京都の室町幕府の統制が少しずつ弱体化する一方、大名たちは在京しながらも領国の地域経済を基盤として力を伸ばし、さらに応仁の乱を機に京都を離れて本格的に地域権力化することになり、その結果として京都の人口は急減して商品需要がしぼんでしまう。他方、権門領主の荘園支配が十五世紀を通じて縮小するのは先に触れた通りで、やはり応仁の乱を契機として地方の荘園からの年貢収入が失墜するので、割符《さいふ》の流通を成り立たせていた求心的経済構造と荘園制という二つの条件が共に失われ、十五世紀末までに割符は完全に姿を消すことになる。

さらに金融に目を転じると、山門系と思《おぼ》しい法体《ほったい》の土倉《どそう》が多かった京都で、十五世紀に入って俗人の土倉が急増し、世紀の終わりには同業者組織を形成するに至ったことが確認される。荘園制から生まれ、年貢収入の季節性に支えられて発展した旧来の土倉が荘園制後退の影響を受けて没落へと向かい、新たなビジネスモデルを引っ提げた新興の土倉の台頭を許したのであろう。後者の経営基盤が何だったのかは、史料が乏しく明確にできないが、十六世紀には京都近郊の村落への貸付が史料に散見するので、十四世紀中期から十五世紀の職人たちと同様、それまでの顧客であった領主層より下の階層をターゲットにしたものと想像して誤りあるまい。

以上のように、十五世紀には生産・流通・為替・金融など経済のあらゆる面で、中世的構造が解体に向かうのである。

## †近世経済への助走

中世経済の解体との直接的な因果関係を明示するのは困難だが、中世貨幣の流通も十五世紀末期に曲がり角を迎えている。国内で造られた私鋳銭《しちゆうせん》の流通が目立ち始めて、これが忌避されるとともに、洪武《こうぶ》通宝《つうほう》や永楽通宝など、使用歴が浅い明銭《みんせん》を中心として渡来銭の通用価値が不安定化し、評価が低い銭貨の受領を拒否する撰銭《えりぜに》が広まったのである。そこで貨幣取引の円滑化のため、幕府や大名が銭貨の通用基準を定めた撰銭令を発して、秩序回復に一定の効果を挙げたことで、久しく絶えていた公権力による貨幣へのコミットに再び道が開かれた。

その後、民間での銭貨鋳造はさらに一般化したらしく、堺では十六世紀後半の本格的な製造遺構が確認されている（嶋谷和彦「中世の模鋳銭生産」『考古学ジャーナル』三七二、一九九四）。永楽銭は十六世紀後半の関東で宋銭《そうせん》より高い通用価値が認められ、洪武銭は九州で好まれるなど、貨幣の通用基準に地域性が現れる。また、割符に代わる隔地間の送金手段として、十六世紀に入ると一枚十両を標準とする「黄金」と呼ばれる金の延べ板の使用が広がり、これを前提として、世紀後半の京都ではまず金が、次いで銀が交換手段の地位を獲得する（中島圭一「京都における「銀貨」の成立」『国立歴史民俗博物館研究報告』一一三、二〇〇四）。中世との対比における近世貨幣の特徴として、江戸幕府などの公権力による貨幣への関与、国内における貨幣製造、金・銀・銭の三貨の使用、「江戸の金遣い、上方の銀遣い」といわれるような流通貨幣の地域性の四つが挙げられるが、いずれも右に示したように十五世紀末期から十六世紀にかけてそのベースが整えられたのであった。

十五世紀に明確化した技術革新による量産化の方向性が、十六世紀から十七世紀にかけてさらに推し進められていったことも付言しておこう。例えば、文禄・慶長の役《えき》に際して連行された朝鮮人陶工たちによって九州各地で陶磁器の量産がスタートし、さらに在来産地の瀬戸・美濃もその連房式登窯《れんぼうしきのぼりがま》の技術をいち早く導入することで、大窯段階に比べて一段と安定した品質の製品の大量供給を実現している（藤澤良祐執筆、『愛知県史　別編　窯業2　中世・近世　瀬戸系』二〇〇七）。このように、近世の豊かな消費社会を支える経済構造は、中世経済を終わらせた変動の延長上に形成されていくのである。

## さらに詳しく知るための参考文献


桜井英治ほか編『新体系日本史12　流通経済史』（山川出版社、二〇〇二）……桜井執筆部分において、流通の面から中世経済を総合的に論じている。

井上聡「御家人と荘園公領制」（五味文彦編『日本の時代史8　京・鎌倉の王権』吉川弘文館、二〇〇三）……京都の権門と同様に散在所領を支配する都市領主としての御家人の姿を描き、借上への依存にも言及する。

中島圭一「室町時代の経済」（榎原雅治編『日本の時代史11　一揆の時代』吉川弘文館、二〇〇三）……中世後期を中心に、生産論を除く本講の諸論点を少し詳しく論ずるが、さすがに十五年以上経つと見解が改まった部分があるので、その辺りの変化（進歩？）も楽しめる。

国立歴史民俗博物館編『企画展示　時代を作った技――中世の生産革命』（歴史民俗博物館振興会、二〇一三）……中世の生産にアプローチした博物館展示の図録で、考古学の成果が豊富に盛り込まれている。

中島圭一編『十四世紀の歴史学――新たな時代への起点』（高志書院、二〇一六）……高橋一樹「畠田からみた十四世紀の農業生産――畿内近国を中心に」・中島圭一「中世的生産・流通の転回」・村木二郎「擬漢式鏡からみた和鏡生産の転換」など、十四～十五世紀における生産・流通の転換を扱う最前線の論考を収める。

村木二郎編『国立歴史民俗博物館研究報告　第二一〇集　［共同研究］中世の技術と職人に関する総合的研究』（国立歴史民俗博物館、二〇一八）……前掲の企画展示に結実した共同研究の報告書で、様々な角度から中世の生産に取り組んだ最新の論考を収める。

第11講
# 室町幕府と明・朝鮮

岡本 真

## †前期倭寇と高麗・朝鮮

十四世紀後半の日本をとりまく国際関係を語るうえで、倭寇《わこう》の存在を抜きにすることはできない。一三五〇年頃より活動を活発化させ、朝鮮半島を中心に中国の山東半島や江南地方に至るまでの広範囲を襲撃した彼らは、今日の研究において、後述の十六世紀の倭寇(後期倭寇)と区別する必要性から、前期倭寇と呼ばれている。この前期倭寇への対処と深くかかわる形で、新たな外交関係が日本と中国や朝鮮半島とのあいだで結ばれていった。

最初に倭寇対策のために日本へのアプローチを試みたのは、十三世紀半ば以来モンゴル(元)に服属していた、高麗《こうらい》だった。二度にわたる蒙古襲来の後、一二九二年に元への服属をうながす文書を送達してきたのを最後に、高麗から日本への使節派遣は途絶えていた。それが、半世紀以上の懸隔を経て、激しさを増す倭寇の襲撃への対処を求めて、一三六六年に使節を派遣したのだった。

使節が来日すると、北朝朝廷では対応が議論されたが、九州の倭寇を禁圧するのは現実的に不可能であるという意見が大勢を占めた。というのも、当時は南朝方の征西府《せいせいふ》が九州を制圧しており、北朝方には如何ともしがたい状況だったからである。そして、最終的には朝廷から返書を出さないことを決定し、使節への対応は室町幕府に一任された。

これをうけた幕府は、朝廷とは異なる対応をとった。すなわち、足利義詮《よしあきら》が自身の名義で直接返答する代わりに、使節の接待にあたっていた禅僧春屋妙葩《しゅんおくみょうは》の私信の形で、倭寇禁圧を約束したのである。このような返書を送ったのは、当時の東アジア国際社会の原則に照らすと、天皇の臣下である将軍が国家外交に携わるには欠格であったがゆえに、世俗を超越した僧侶による私信という便法をとったためだとされる（村井章介『アジアのなかの中世日本』校倉書房、一九八八）。

その後、高麗は倭寇の禁圧を求めて一三七五年にもふたたび使節を派遣したが、この時も幕府は禅僧徳叟周佐《とくそうしゅうさ》の私信によって、九州を回復した暁には禁圧を実行すると返答した。これは、高麗の要請に前向きに応じる意志の表明とも受け取れるが、いまだ九州攻略が途上にあって、倭寇対策をすぐには実行できない状況を反映したものでもあった。この返答に接した高麗側は、さらに一三七七年に使節を派遣したものの、正使が不幸にも来日後に病死してしまい、京都へはたどり着けなかった。

　こうした高麗側からの働きかけに対し、より積極的に応じたのが、征西府への対抗のため、幕府によって南朝方の牙城であった九州へ派遣された、九州探題の今川了俊《りょうしゅん》である。彼は一三七二年に征西府の拠る大宰府を陥落させた後も九州経略に明け暮れていたが、高麗使節到来の機会をとらえ、使者を派遣して倭寇討伐の用意のあることを告げ、倭寇対策における自身の重要性をアピールした。これをうけた高麗側は、前述のような禅僧の私信による回答に接し、幕府との交渉に限界を感じていた矢先だったためか、了俊の使節が帰国する際に返礼の使節を同行させ、以後は彼とのあいだで頻繁なやりとりを行った。

　その後、朝鮮半島では、頭角をあらわした李成桂《りせいけい》〔イソンゲ〕（太祖《たいそ》〔テジョ〕）が高麗の実権を掌握すると、一三九二年に恭譲王《きょうじょうおう》〔コンヤンワン〕から禅譲をうけて即位し、のちに国号を朝鮮と改称したが、了俊との関係は継続した。そして、一三九五年に彼が探題職《たんだいしき》を解任されて九州を離れると、今度は周防《すおう》・長門《ながと》等をおさえる大内義弘が、了俊と入れ替わるように朝鮮との頻繁な通交を開始したのだった。この間、判明する限りでは一度だけ高麗から幕府へ文書が送られてきたが、その時も幕府は、日本の将臣は古来国外と書を通じたことはなく、直接回答を送ることはできないと述べ、禅僧絶海中津《ぜっかいちゅうしん》の私信によって返答した。結局、この時期の高麗・朝鮮との交渉において、始終、足利将軍が表舞台に立つことはなかったのだった。しかし、その一方で明とのやりとりでは、次に見るように、当初から積極的にみずから前面に立って交渉を試みてゆくのである。

## †明の成立と「日本国王良懐」

朝鮮半島における王朝交代よりも以前、中国でも政治変動が起きた。すなわち、元に対する漢人の蜂起が相次ぎ、そのなかから台頭した朱元璋《しゆげんしよう》（洪武帝《こうぶてい》）が一三六八年に明を建国して、元の勢力を北方へと追いやったのである。皇帝となった彼は、自身の即位を告げて朝貢をうながす使節を周辺国に送った。そこには日本も含まれていたものの、使節は途上で賊に殺されてしまった。翌年ふたたび派遣された使節は九州にたどりついたが、当時同地を制圧していた征西将軍懐良《かねよし》親王は、洪武帝の詔書に不快感を抱き、使節の過半を処刑した。それでも洪武帝がみたび使節を派遣して招諭したところ、懐良はついにこれに応じ、一三七一年に朝貢使節を派遣し、あわせて倭寇によって日本に連れ去られてきていた七十人あまりを送還した。そして、これをうけた洪武帝は、懐良を日本国王と認め、重ねて使節を派遣したのだった。

なお、この懐良の朝貢について、明側の史料には、「日本国王良懐」というようにもっぱら「懐良」ではなく「良懐」と記されている。こうした状況もあり、明側の史料に見える、朝貢使節を派遣した「良懐」について、かつては懐良の偽者であるとの説が提唱されたこともあった。だが、近年では、この使節は懐良の派遣した本物だったとの見解が一般的であり、当時の忌諱《きき》の作法にしたがって、敢えて字を顚倒させて「良懐」と名乗ったとする説も提起されている(橋本二〇一三)。

さて、洪武帝が懐良のもとへ派遣した使節は一三七二年に筑前国博多へ到着したが、この時、同所の状況は以前と様変わりしていた。前述のように、今川了俊が同年に大宰府を落とし、征西府勢力が撤退したことにより、博多も北朝方が掌握していたからである。そのため、明使節一行は了俊によって拘束された後、日本の状勢の変化に呼応して交渉相手を幕府に切り替えざるを得なくなった。

一方、征西府が明と通交していた事実を知った足利義満は、自身もそこに参入すべく、明使節の帰国に同行させる形で自身の使節を派遣した(応安度船)。だが、これをうけた洪武帝は、日本の正統な君主はあくまで懐良であるとして、義満の使節を退けた。基本的には諸国の君主である国王のみに朝貢を許すという、明の措定する秩序の下にあっては、義満は日本国王の一臣下に過ぎず、その行為が僭越と見なされたためである。それでも義満は、一三八〇年にも明の丞相《じょうしょう》相宛の「征夷将軍源義満」名義の文書を使節に持たせて派遣したが、皇帝への上表文がなく、また書中の言辞も傲慢だという理由で、やはり退けられてしまった（康暦《こうりやく》度船）。さらに洪武帝は、明国内で起きた宰相胡惟庸《こいよう》のクーデター計画（洪武帝による捏造とされる）の発覚にともなう粛清を呼び水に、それに荷担する動きを見せたとして、日本と断交するに至る。結局、洪武帝の時代には、義満が自身の名義で試みた朝貢はことごとく却下され、失敗に終わったのだった。

その一方で、日本国王と認定された「良懐」の使節は、断交以前には入貢を継続していた。ただし、前述の大宰府陥落後、没落した征西府が実際にそれらを送ったと想定することは難しく、使節となった者の経歴や縁故から、北朝方などが派遣した偽使《ぎし》（実在しないものも含む、他者の名義を詐称する使節）である可能性が高いと考えられている。

なお、一連の義満の使節派遣の背景には、懐良が「日本国王」である限り、南朝方が九州での攻防のための軍事的な支援を明に求める可能性があり、それを阻止するためには、みずからが明から「日本国王」に認定されるしかないと、義満が認識していたことがあった（村井前掲書）。直接のやりとりを避けて禅僧に返答させる方針を継続した高麗や朝鮮との通交とは、実に対照的である。

### †義満の「日本国王」冊封

義満に転機が訪れたのは、十五世紀初頭のことである。すなわち、一四〇一年、明より帰国した筑紫の商客肥富（博多商人小泉カ）の勧めに応じた義満は、みたび遣明使節を派遣して貢物《こうもつ》を献じた。当時、明では洪武帝の後を継いで即位した建文帝《けんぶんてい》と、その叔父の燕王朱棣《てい》（のちの永楽帝）とのあいだで内乱が勃発しており（靖難《せいなん》の変）、その混乱に乗じた形である。これをうけた建文帝は、揺らいでいた自身の正統性を内外に喧伝する意味合いもあってか、使節を受容し、その帰国に際しては自身の使節を同行させ、義満を日本国王に冊封《さくほう》した。こうして義満の対明通交の試みは成就したのである。その後間もなく、建文帝は内乱に敗れて廃位されてしまうが、かわって即位した永楽帝に対し、義満は「日本国王臣源道義」を名乗って上表文《じょうひょうぶん》を送り（道義は義満の法諱《ほうき》）、永楽帝も義満を日本国王と認めたのだった。

この義満の冊封について、かつては日本国内における彼の皇位簒奪計画——寵愛していた子息の義嗣《よしつぐ》を皇位につけ、自身は上皇として権力を持つという企て——の一環として、国内における自身の地位の保障を明皇帝から得たものと語られたこともあった。だが、近年の研究では、簒奪計画自体が否定されているし、そもそも「日本国王」号は国内向けに用いられた形跡がなく、あくまで対外交渉上の称号だったことが明らかにされている（田中健夫『前近代の国際交流と外交文書』吉川弘文館、一九九六）。

日本国王への冊封と前後して、義満は朝鮮との関係においても、直接的に外交の表舞台に立つようになる。すなわち、一三九八年には大内義弘の仲介で朝鮮使節を引見し、その帰国に際しては自身の使者を随行させて、これをきっかけに相互に使節を派遣するようになり、さらに冊封をうけた後には「日本国王」を名乗って通交するようになったのである。

ただし、前述のように日本国王からのみ朝貢を受け入れた、一元的な通交に集約された日明関係とは異なり、日朝関係では、大内氏や少弐氏《しょうにし》、対馬宗氏《つしまそうし》をはじめとする対馬島や壱岐島《いきのしま》の有力者などとのあいだに、多元的な通交がつづけられた。それは、朝鮮が倭寇を取り締まる日本側の政治権力とのつながりを重視するだけでなく、倭寇集団に加わり得るような人びとを懐柔し、平和的通交者への転換を図ったためでもある。そうした者のなかには、朝鮮に帰化した者（向化倭人《こうかわじん》）や、朝鮮に臣従し、官職を授与された者（受職倭人《じゅしょくわじん》）もいた。

### †義持による日明断交

「日本国王」に冊封された義満は、その死の間際までほぼ毎年、朝貢使節を送りつづけた。また、後を継いだ足利義持も、当初は義満の方針を継続して、朝貢使節を派遣していた。ところが、一四一〇年に派遣した自身の使節（応永十七年度船）の帰国に同行して明使が来日すると、義持は接見を拒み、断交の意志をあらわにした。折しも倭寇の襲撃が活発化していたこととも相まって、永楽帝はこれを快く思わず、一四一八年とその翌年に使節を日本へ派遣し、義持の態度を非難するとともに、出兵計画を持ち出して威嚇しつつ、朝貢をうながした。しかし義持は応じず、日明関係は緊張した。

こうした義持の断交方針は、義満の対明政策への批判に由来したとおぼしい。すなわち、当時の日本国内の常識に照らせば、「日本国王」は天皇であり、義満はその臣下に過ぎなかった。それにもかかわらず、受封以後、義満は天皇の臣下としてではなく、みずから「日本国王」を名乗り、明皇帝の臣下として朝貢使節を派遣するようになった。そのため、義満の外交姿勢には批判的な見解を持っていた者が国内に少なくなく、これをふまえて義持は断交に踏み切ったものと考えられるのである。

難しい状況にあった日明関係に対し、義持の時代の日朝関係は、応永の外寇に起因する一時的な緊張を除けば、比較的順調であった。「日本国王」を名乗らずとも通交できたことが、その要因のひとつであろう。朝鮮に対し「日本国源○○」（○○には諱《いみな》が入る）という自称で室町殿が文書を送ることが通例となっていくが、それはこの義持の時代に始まったことであった。もっとも、このような「日本国王」号をあえて避けた形の自称を用いていても、朝鮮側は室町殿が日本国王であるとの認識を変えず、その使節は「日本国王使」として、大内氏をはじめとする他の日本の諸勢力の派遣したそれよりも優遇されたのだった。

## †日明勘合と日朝牙符

義持の時代に断交となった日明関係だが、足利義教の時代以後は、ふたたび使節の派遣が復活した。その明側の要因としては、永楽帝の孫の宣徳帝が融和的な政策をとり、日本からの朝貢復活にも積極的であったことが挙げられる。

一方、日本側において復交の原動力のひとつとなったのが、貿易利益である。明代中国では、基本的には国内から私的に出海して外国に通じることを禁止し(海禁)、国外からは前述の通り国王からの朝貢使節のみを受け入れていた。そのため、貿易は朝貢の恩典として、使節に対し付随的に許可されるのみであった。つまり、日本が対明貿易を行うには、朝貢使節を派遣する必要があったのである。このような背景から、前述したような国内における「日本国王」号使用への反発にもかかわらず、貿易利益を求める勢力の後押しをうけて、朝貢使節の派遣が再開されたのだった(永享四年度船)。

こうした明への朝貢使節に付随する貿易について、今日では「勘合貿易《かんごう》」という呼称を用いることが少なくない。これは、遣明船《けんみんせん》(明に派遣された船)の渡航の際に、勘合という、明側の発給したアイテムの携行が必要だったためである。勘合は、それ自体と底簿《ていぼ》とを照合し、両者にまたがる形で事前に施されていた割印や割書が符合するかどうかをもとに、それを携行する者の真偽を判別する、査証のためのものであった。もともとは明の国内で用いられていたが、後には偽使の出来を防止するために明と諸外国との往来にも適用され、日本とのあいだでは義満の時代、一四〇四年の使節派遣から用いられるようになった。

この日明間で用いられた勘合は現存が確認されておらず、かつては割り符状のイメージが想像されたり、三六cm×八二cm程度のものであるといった見解が示されたりしてきた。だが、近年の研究では、清代の勘合をもとに、八二cm×七二～一〇八cm程度の大判のものであったことが明らかにされている（橋本雄「日明勘合再考」九州史学研究会編『境界からみた内と外』岩田書院、二〇〇八）。

義満・義持期については詳細の不明な部分が多いが、義教期以後の遣明船のうち、室町殿直営の公方船は一部だけで、大部分は寺社や大名など幕府以外が経営する船であり、基本的には複数の船が一遣明使節を構成した（次頁表参照）。その渡航にあたっては、各船が前述の勘合を携行する必要があったため、経営を望む勢力は、礼銭《れいせん》（勘合礼銭）の納入と引き換えにそれを幕府から獲得した。

一方、日朝関係においても、一四七四年に新たな査証制度が設けられた。その際に用いたのが、直径四cm半ほどの象牙から造られた牙符《がふ》である。朝鮮側はこれを十枚作り、それぞれの片面には「朝鮮通信」と書き、もう片面には「成化十年甲午」と発給年（一四七四

| 研究上の呼称 | 入明年 | 主な使者 | 構成と経営者（丸数字は船号数） |
| --- | --- | --- | --- |
| 応安度 | 1374 | 聞渓円宣 | 不明 |
| 康暦度 | 1380 | 明悟 | 不明 |
| 応永8年度 | 1401 | 肥富 | 不明 |
| 応永10年度 | 1403 | 堅中圭密 | 不明 |
| 応永11年度 | 1404 | 明室梵亮 | 不明 |
| 応永12年度 | 1405 | 源通賢 | 不明 |
| 応永14年度 | 1407 | 堅中圭密 | 不明 |
| 応永15年度 | 1408 | 堅中圭密 | 不明 |
| 応永17年度 | 1410 | 堅中圭密 | 不明 |
| 永享4年度 | 1433 | 龍室道淵 | ①公方②相国寺③山名④寄合⑤三十三間堂 |
| 永享6年度 | 1435 | 恕中中誓 | ①公方②相国寺③大乗院④山名・醍醐寺⑤⑥三十三間堂 |
| 宝徳度 | 1453 | 東洋允澎 | ①③⑨天龍寺②⑩伊勢法楽舎④九州探題⑤島津⑥大友⑦大内⑧多武峰 |
| 応仁度 | 1468 | 天与清啓 | ①公方②細川③大内 |
| 文明8年度 | 1477 | 竺芳妙茂 | ①公方②勝鬘院③不明 |
| 文明15年度 | 1484 | 子璞周瑋 | ①③公方②内裏 |
| 明応度 | 1495 | 尭夫寿蓂 | ①②細川③公方 |
| 永正度 | 1509 | 宋素卿 | ④細川 |
|  | 1511 | 了庵桂悟 | ①③大内②細川 |
| 大永度 | 1523 | 謙道宗設 | ①②③大内 |
|  | 1523 | 鸞岡瑞佐 | ①②細川 |
| 天文8年度 | 1539 | 湖心碩鼎 | ①②③大内 |
| 天文13年度 | 1544/46 | 忠叔昌恕 | ①②細川③大友 |
| 天文16年度 | 1547 | 策彦周良 | ①②③④大内 |

室町殿名義で派遣された遣明船一覧

年に相当）を記し、さらに一～十までの通し番号を付したうえで左右に折半し、そのうち片方を朝鮮にとどめた。そして、もう片方は日本に渡して、室町殿や在京守護名義の使節の渡航にあたってはその携行を求め、来航した際には朝鮮側で左右が一致するかどうかを検査したのである。

このようなものが造られた背景には、一四六〇年代以後、偽使が出没するようになったことが挙げられ、その派遣には主に対馬宗氏や博多商人がかかわっていたとされる（橋本雄『偽りの外交使節――室町時代の日朝関係』吉川弘文館、二〇一二）。牙符制の創設によりそうした使節の往来は防がれたかに見えたが、日本国内における将軍権力の弱体化とも相まって、ほどなくして牙符は室町殿の手元からの流出を余儀なくされ、室町殿や在京守護などの名義を詐称した使節が継続的に横行する状況になっていった。

## †遣明船経営をめぐる争い

日朝通交に偽使が頻出した原因は、朝鮮側による統制政策など様々であるが、牙符が使い切り型ではなく、再利用型であったこともそれを容易にした一因と考えられる。というのも、使い切り型であれば、仮に牙符のうちの一枚を偽使派遣勢力が入手したとしても、それを用いた渡航は一度だけで終わったであろう。しかし実際には、使用した牙符は持参した使節が持ち帰り、次の渡航の際に再利用するシステムだった。そのため、いったん牙符を手に入れさえすれば、それを用いた偽使派遣が継続的に可能となったからである。

その点、日明勘合は一度使用されると明側で回収されたし、皇帝の代替わりごとに百枚ずつが新たに発行され、前代の勘合の未使用分は返納されることになっていたので、再利用は不可能であった。そのため、遣明船経営を望む諸勢力は、派遣が計画される都度、幕府の手中にあった未使用の勘合の獲得を目指したのである。

幕府にとって、勘合礼銭は重要な財源であり、原理的には支給する枚数が増えるほど、礼銭収入も増大することになる。そのため、十五世紀半ばの宝徳《ほうとく》度船の際には、九隻におよぶ大船団が渡航した（十隻のうち五号船は不渡航）。しかし、朝貢使節を受け入れる明側にとって、こうした船団の大規模化は、接遇費用負担の増大に直結するものであったがゆえに、歓迎すべき事態ではなかった。そのため、この大船団の渡航をきっかけに、以後は一度につき三隻以内とするなどの制限が課されるようになる。

こうした制限は必然的に船数の減少を招き、諸勢力は限られた船の経営権をめぐって争わねばならず、競争は激化した。そのなかでも有力だったのが、管領《かんれい》の細川氏と西国大名の大内氏である。両者は経営権獲得をめぐって争い、十五世紀末の明応度船派遣の際には、はじめ大内氏主導で準備がなされていたのが、細川方の工作により、細川船二隻と公方船一隻に切り替えられた。この明応度船を最後に公方船は姿を消し、以後の遣明船は、室町殿が派遣名義人である、日本国王使節の体裁を取りつづけてはいたものの、経営はもっぱら細川氏や大内氏などが担った。

つづく十六世紀はじめの永正度船派遣の際には、大内氏が経営権を確保し、大内船二隻と細川船一隻の構成となったが、細川方は定数外の四隻目を派遣するという挙に出た。そして、このような遣明船経営をめぐる争いの行き着いた先が、一五二三年に大永《だいえい》度船が起こした、寧波の乱であった。

## †寧波の乱とその後

永正度船以前は一船団内の各船の経営権が競望されていたのに対し、大永度船の渡航の際には、大内方の遣明船が細川方のそれとは別個に船団を仕立てて渡航した。両者はほぼ同時に、日本からの朝貢船の入港地に指定されていた寧波に到着したが、同地で大内方が細川方を襲撃し、さらには明人を拉致して逃亡するという挙に出た。これが寧波の乱である。乱後、明は下手人の引き渡しと明人の送還を要求し、明と室町幕府とのあいだで文書のやりとりがなされたが、それを媒介していた琉球に対する大内氏の工作が奏功し、交渉は沙汰やみになってしまった。そしてその後、大内氏は独占的に経営する天文《てんぶん》八年度船と天文十六年度船を派遣し、首尾よく明側に受け入れてもらうことができた。

なお、概説書などのなかには、寧波の乱に勝利した大内氏が日明貿易を独占したと記すものもあるが、明確な誤りである。確かに大内船の人員が細川船を襲撃して船を焼き払ってはいるが、結局のところ寧波の乱は使節団同士の紛争であり、貿易の独占を決定づけるような事件ではなかった。乱後に大内氏が優位に立ったのは、あくまで国内工作や国際的情報操作の賜物だったのである（橋本雄『中世日本の国際関係――東アジア通交圏と偽使問題』吉川弘文館、二〇〇五）。さらに、結果的に明側に受け入れてはもらえなかったものの、細川氏が大友氏と共同で船団を仕立てており（天文十三年度船）、派遣機会という点では、大内氏が独占状態を築き上げていたとは言いがたい（岡本真「天文年間の種子島を経由した遣明船」『日本史研究』六三八、二〇一五）。

また、一連の遣明船経営をめぐる争いは、堺商人と結びついた細川氏と、博多商人と結びついた大内氏の抗争とされることが多いが、これも十分な説明ではない。確かに地縁的にはそのようなつながりがあって当然だし、実際に細川氏と堺商人が結託して大内氏を排除した事例もある。しかし、大内氏と堺商人が結びついた事例も複数確認されるし（小葉田淳『中世日支通交貿易史の研究』刀江書院、一九四一）、そもそも遣明船貿易には堺や博多以外の商人も多数参加していた。貿易の実務を担った商人については、前述のような二項対立の構図で通時代的に説明することなど、不可能なのである。

## †後期倭寇の時代

一五四七年の天文十六年度船の渡航を最後に、室町殿名義の朝貢使節の派遣は途絶えることとなる。それとほぼ重なる時期に活動が盛んになったのが、後期倭寇である。前期倭寇が主として朝鮮半島を襲撃したのに対し、後期倭寇の主な活動の舞台は中国沿海部であった。というのも、その中心となったのは、海禁を破り出海して密貿易に携わるようになった華人商人で、そこに日本列島や南欧から来た者たちが加わって、倭寇集団を形成していったからである。

明朝廷は当初、武力による鎮圧をすすめたが、倭寇の頭目の一人である王直が日本へ逃れて五島や平戸に拠点を置いて活動したため、日本へ使者を派遣して帰順をうながした。王直はこれに応じて豊後《ぶんご》の大名大友氏の使節とともに帰国したが、明側は王直を処刑し、大友氏の使節も追討対象となり、逃亡を余儀なくされた。その後、明側は融和的な政策をとり、東南アジアなどへの渡航を許して、海禁を限定的に解除するに至る。

後期倭寇の影響は、朝鮮方面にも見られた。この時期、「荒唐船」と呼ばれる正体不明の船が朝鮮半島西部や南部の近海で複数目撃されたことが、朝鮮の史料に記されている。こうした船は、後期倭寇が銀の買い付けのために日本に向かう途上、朝鮮近海に漂流してきたものだった（高橋公明「一六世紀中期の荒唐船と朝鮮の対応」田中健夫編『前近代の日本と東アジア』吉川弘文館、一九九五）。周知のように、十六世紀前半には石見銀山の開発がすすみ、そこで産出された銀は広く流通していた。その銀に対する需要が、東シナ海域と日本海域を結びつけたと言える。

この間、日朝間では前述のような偽使が頻出していた。朝鮮側もこれらの使節には疑いを抱いていたようだが、一四四三年を最後に朝鮮から日本本土への通信使派遣が途絶したこともあって、朝鮮側が得られる日本情報は対馬《つしま》を通じたものに限定されていたため、真偽を確認することは困難であった（米谷均「十六世紀日朝関係における偽使派遣の構造と実態」『歴史学研究』六九七、一九九七）。こうした状況は偽使派遣勢力にとっては好都合で、朝鮮には彼らに有利な偏った日本情報がもたらされた。その結果、一五九〇年に、日本国内の統一を果たした豊臣秀吉の要求がきっかけとなって、およそ百五十年ぶりに朝鮮から日本本土に使節が派遣された時、朝鮮側はようやく、大内氏や少弐《しように》氏などそれまで朝鮮に通交をつづけていた諸大名が、いずれもすでに滅亡していた事実を知ることになったのだった。

**さらに詳しく知るための参考文献**

橋本雄『室町〝日本国王〟と勘合貿易――なぜ、足利将軍家は中華皇帝に「朝貢」したのか』（NHK出版、二〇一三）……室町時代の日明関係と国内政治のかかわりを明快に叙述。

東京大学史料編纂所編『描かれた倭寇――「倭寇図巻」と「抗倭図巻」』（吉川弘文館、二〇一四）……後期倭寇を題材にした絵画史料に関する、最新の技術と研究の成果が盛り込まれている。

村井章介ほか編『日明関係史研究入門――アジアのなかの遣明船』（勉誠出版、二〇一五）……遣明船とその周辺に関する研究の刊行時点までの成果を集約しており、初学者だけでなく専門家にとっても有用。

荒木和憲『対馬宗氏の中世史』（吉川弘文館、二〇一七）……本文ではあまり言及することのできなかった、日朝関係において重要な位置を占めた対馬宗氏の実態を浮き彫りにする。

第12講

# 室町将軍と天皇・上皇

三枝暁子

## †公武関係論の展開①――「権限吸収」論と「王権簒奪」論

室町将軍（室町殿）と天皇・上皇との関係、あるいは室町幕府と朝廷との関係（いずれも「公武関係」といわれる）については、戦前の田中義成『足利時代史』（講談社学術文庫、一九七九、初出一九二三）、戦後の佐藤進一「室町幕府論」（『岩波講座日本歴史　中世3』岩波書店、一九六三）を嚆矢《こうし》として、南北朝・室町期政治史研究の主要なテーマとなって現在に至っている。このうち戦前の名分論的南北朝史を批判し、「田中以前にかえれ」との立場から展開された佐藤氏の「室町幕府論」は、京都におかれた室町幕府が、朝廷や寺社本所《ほんじょ》権力のもつ政治経済諸機構を「吸収」・「解体」することによって、将軍権力および幕府の京都支配権を完成させたと論じた（佐藤一九六五も参照）。

こうした「権限吸収」論の展開を受け、一九七〇年代に入ると、富田正弘氏による「公武統一政権」論が提示され（「室町時代における祈禱と公武統一政権」日本史研究会史料研究部会編『中世日本の歴史像』創元社、一九七八）、将軍（室町殿）と天皇・上皇を媒介する伝奏《てんそう》の存在が注目を浴びることとなった。さらに富田氏は、国家的祈禱を主宰し、権門を主従制的に支配する足利義満の動向に着目し、義満を王権掌握者と位置づけた（「室町殿と天皇」『日本史研究』三一九、一九八九）。そして今谷明『室町の王権』（中公新書、一九九〇）では、官位叙任や祭祀権の奪取、改元・皇位への干与《かんよ》を通じ、足利義満に「皇位簒奪」・「王権簒奪」計画があったとする説が提示されるに至り、将軍（室町殿）が、公武関係を制御しつつ王権の担い手もしくは「日本国王」として君臨したとの見方が示された。

その後、公武を統《す》べる将軍（室町殿）の権力のありようを明らかにする研究が進展し、武家による公家の主従制的編成としての「室町殿家司《けいし》制度」の確立を明らかにした家永遵嗣氏の研究（『室町幕府将軍権力の研究』東京大学日本史学叢書、一九九五）や、家門・家領《けりょう》の安堵《あんど》を通じた将軍による公家衆の主従的支配の展開を指摘した水野智之氏の研究（『室町時代公武関係の研究』吉川弘文館、二〇〇五）などが生まれた。

### †公武関係論の展開②――「権限吸収」論批判

一方、二〇〇〇年代に入ると、公武関係を対立的に捉え、両者のもつ権限を「争奪」や

「吸収」という側面において把握することに疑義を呈する研究が見られるようになる。例えば市沢哲氏は、足利将軍家が南朝に対抗し、一門庶流など他の武士から隔絶した位置を占めるうえで、北朝天皇との親密な関係を不可欠としたこと、北朝天皇擁立の経緯や観応《かんのう》の擾乱《じょうらん》後の北朝再建の状況をみれば、北朝天皇にとっても足利氏の支えが重要であったことを指摘している（「中世王権論の中の足利義満――「王権簒奪論」の再検討」『日本中世公家政治史の研究』校倉書房、二〇一一、初出二〇〇四）。

また松永和浩氏は、「権限吸収」論が、公武関係の把握に際し権限をめぐる対抗関係に矮小化させてしまうこと、また公家勢力の権力・権威の過大評価につながる危険性をはらむことを指摘している（「室町期公武関係論の現状と課題」『室町期公武関係と南北朝内乱』吉川弘文館、二〇一三、初出二〇〇七）。さらに桃崎有一郎氏は、朝幕二元論を克服するための「公《く》方《ぼう》」論の展開、および足利義持以後の「室町殿」論の展開が必要であることを指摘し（「室町殿の朝廷支配と伝奏論」中世後期研究会編『室町・戦国期研究を読みなおす』思文閣出版、二〇〇七）、義満政権の相対化をはかっている（「足利義持の室町殿第二次確立過程に関する試論」『歴史学研究』八五二号、二〇〇九）。

その後の研究動向については、石原比伊呂氏の『室町時代の将軍家と天皇家』（勉誠出版、二〇一五）に詳しい。石原氏の整理によれば、かつての公武を対立的に捉える構図は、近年相対化されつつあり、かわって公武を「複合体」として捉える視角が顕著になっているという。さらに、南北朝期と室町期を一体のものとして捉え、「南北朝動乱が、いかに室町幕府体制を形作ったか」という視点で論じられる傾向が強いという。氏自身の研究もまた、これらの視角のもとで進められており、「公武関係」の内実を、「北朝天皇家（後光厳《ごこうごん》院《いん》皇統）」と「足利将軍家」との関係に限定して考察している点や、戦国期をも展望した公武関係論を展開している点に特色がある。

以上のような研究史をふまえ、次に、室町将軍と天皇・上皇との具体的な関係について確認し、そのうえで今後の公武関係論の展開において考慮すべき点について叙述していくことにしたい。

## †足利尊氏期〜義満期の公武関係

室町幕府の歴史は、建武政権をうちたてた後醍醐天皇（大覚寺統）に離叛した足利尊氏が、光明《こうみょう》天皇―光厳《こうごん》上皇（持明院統）をたてつつ、武家政権の指針となる『建武式目』を発布したことに始まる。『建武式目』が、公家・武家の実務官人らによって作成され、「延《えん》喜天暦《ぎてんりゃく》」の醍醐天皇・村上天皇の治世と、北条義時・泰時の政治とを政道の規範としていたように、室町幕府は公家との連携を前提に成立した武家政権であった（河内・新田二〇一八）。すなわち吉野の南朝と京都の北朝とに朝廷が分裂するなか、北朝の朝廷を支えながら、自らも京都に拠点を据えて政権の確立をめざしたのである。

幕府が北朝を支えた例としてまず注目されるのは、朝廷の行う儀式・行事の費用調達、すなわち「公事《くじ》用途」の調達である。すでに鎌倉時代から、公事用途の調達はままならない状況となっており、戦乱はこの状況をより切迫させることとなった。そのため幕府は、戦乱安定時における兵粮料所《ひょうろうりょうしょ》の本所への返付や、寺社本所領に対する押領《おうりょう》を禁止するなど、用途を負担する本所領を保護することにより、公事用途調達の便宜をはかったのである。また、一三五二年の「正平一統《しょうへいいっとう》」破綻後の後光厳天皇期には、「御訪《おとぶらい》」（進物）ついで段銭《たんせん》賦課によって公事用途を調達するという新たなシステムを形成した（松永前掲書）。

一方、公事それ自体の再興に寄与したのは、摂関家の二条良基であった。良基は、正平一統期に中断を余儀なくされつつも、光厳院政期以降、即位儀礼における即位灌頂《かんじょう》の定例化をはじめ、様々な儀礼の整備を行った。その際、良基には、公家の官位をも帯びていた室町将軍を宮廷に引き入れようとする意図のあったことが指摘されている（小川剛生『二条良基研究』笠間書院、二〇〇五）。

それでは復興しつつあった公事の場において、足利将軍は具体的にどのようにふるまったのか。石原比伊呂氏の研究によれば、足利尊氏期には、尊氏よりもむしろ直義《ただよし》の方が公

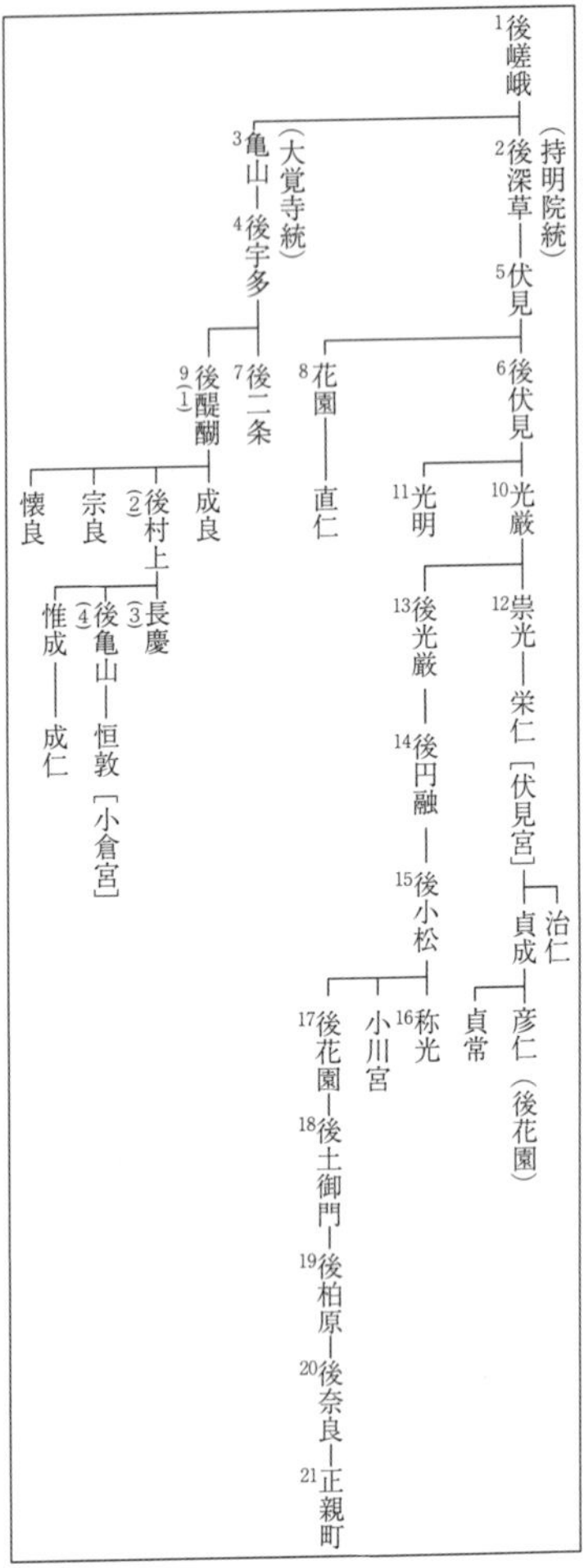


皇室略系図（後嵯峨天皇〜正親町天皇）
＊数字は即位順（カッコ内は南朝）

家社会の作法の習得に熱心で光厳院との関係も親密であったという。その背景には、南朝と対抗するための、「皇統の安定化と権威づけ」の必要があった。そして観応の擾乱以降、直義と入れ替わるように公武交渉を担うようになった義詮《よしあきら》は、足利将軍家家長のみが院《いん》参《ざん》・参内《さんだい》することができ、なおかつ皇位継承の決定プロセスにも参与できるしくみを作ることで、次の義満政権期における武家伝奏の設置を準備したという（石原前掲書）。

三代将軍義満が、公卿《くぎょう》としての政務に意欲的であったことはつとに知られ、特に、内大

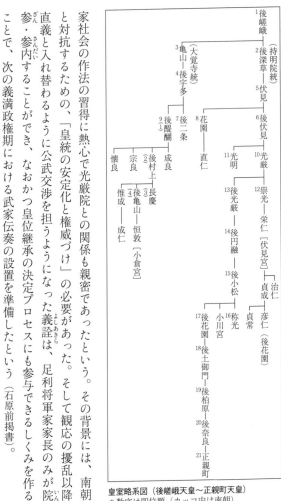

臣となった一三八一年（永徳元）以降、朝廷の儀式や政務を差配するばかりでなく、「公家様」の花押《かおう》を用いたり、武家執奏《しっそう》（公武間の連絡役をつとめる公卿）を停止したりするなど、「公家社会への内部化」が進行した。そして公事にのぞむ際の作法は、摂関家に准じたものであった（河内・新田前掲書、石原前掲書）。

こうした義満の公家社会における台頭は、後円融《ごえんゆう》天皇（一三八二年以降は上皇）との間に緊張関係をもたらしつつもいっそう強まり、一三九二年（明徳三）には、南朝の後亀山天皇との交渉を独自に進め、南北朝の合一を果たしている。そして一三九四年（応永元）には、将軍職を子息義持に譲って自らは太政大臣となり、一三九七年（応永四）には居所を北山へと移して「北山殿」として君臨しつつ、明との通交を開始し、中国皇帝から「日本国王」と称された（この通交名義としての「日本国王」号が、ただちに日本の国制上における室町将軍の位置を示すものでないことは、橋本雄『中華幻想――唐物と外交の室町時代史』勉誠出版、二〇一一などに詳しい）。

### †義持期〜義政期の公武関係

続いて将軍となった義持《よしもち》は、義満の死後、朝廷が「太上法皇」の尊号を追贈しようとしたのを辞退したことや、明との通交を中絶したことなどから、従来の研究においては義満の政策をくつがえした将軍として評価されてきた。しかし近年は、「義満が残した莫大な遺産に適度な取捨選択を加えていたとみるべき」とされ、その花押が公家様《くげよう》のみであったことや、伝奏の活動も活発であったことが指摘されている（桜井英治『日本の歴史12　室町人の精神』講談社学術文庫、二〇〇九、初出二〇〇一）。

このような視角を継承して、称光天皇即位にともなう大嘗会《だいじょうえ》について分析した石原氏は、義持が実際に義満の先例を取捨選択して大嘗会に臨んでいたこと、その選択の基準は自己を「現任の摂関」になぞらえられるかどうかであったことを指摘している。さらに義持が後小松院庁の院執事となるなど、後小松「王家」の執事としての役割を帯びていたことを指摘し、義満・義持いずれも「北朝天皇家の権威を維持・向上させる」という共通の目的をもっていたとしている（石原前掲書）。

五代将軍義量《よしかず》の早世ののち、義持の死後籤引きによって将軍となった義教《よしのり》もまた、現任摂関に准じる行動をとりつつ、「王家」の執事としての性格を帯びていたことが指摘されている。ただし、義教政権期にはその「王家」のありようが大きく揺れた時期であった。というのも、皇位継承者不在のまま死去した称光天皇にかわって即位した後花園天皇は、称光天皇の父・後小松院の猶子《ゆうし》でありながら、実父は崇光院《すこういん》流の伏見宮貞成《ふしみのみやさだふさ》であった。そのため、後花園天皇を後光厳院流の皇統と位置づけるか崇光院流の皇統と位置づけるかが公武両者の間で問題となったのである。

結果として、伏見宮貞成に太上天皇の尊号宣下《せんげ》がなされるものの、後花園天皇は後光厳院流の継承者として皇位を子孫に伝えていくこととなった。こうした皇統の対立状況において、義教は反後小松「王家」の立場にたち、後花園天皇と貞成の血縁関係を重視しながら伏見宮「王家」の成立を志向した可能性があるという。さらに、一四三七年（永享《えいきょう》九）に後花園天皇が足利義教邸に行幸した際の天盃《てんぱい》拝受の儀礼にカワラケが用いられていることから、足利将軍家と天皇家との間に主従関係およびミウチ化が認められるという（石原前掲書）。

一方義教は、一四三八年（永享十）に関東公方足利持氏の起こした永享の乱を鎮圧するにあたり、後花園天皇に「治罰綸旨《ちばつりんじ》」の発給を求めたことが知られる。ただしこのことは、即座に「天皇の権威の復活」を意味するわけではなく、拮抗する相手との差異化をはかるひとつの手段として選択されたものであった（河内・新田前掲書）。

早世した義勝のあと将軍となった義政もまた、「王家」を輔弼《ほひつ》し、義持・義教と同様に「王家」の御所を造成したり、後土御門天皇の即位にともなう大嘗会に意欲的に関与したりするなど、北朝天皇家と親密な関係にあった。しかし応仁の乱の勃発により、公武関係は大きく変動する。すなわち乱の間、後花園院と後土御門天皇は、室町第に滞在することとなり、将軍家と天皇家との同居状態が生まれたことによって、かえって儀礼的関係の維持は困難を極めた（石原前掲書）。

また、義政の提案のもと、後花園院によって進められていた勅撰和歌集の編纂は、戦闘による和歌および和歌所の焼失等によって断念せざるを得なくなり、以後二度と勅撰和歌集が編まれることはなかった。そして乱を契機に幕府による公事用途の調達はままならなくなり、後土御門天皇の大嘗会が中世最後の大嘗会となるなど、戦国期の天皇は、即位礼をはじめとする様々な公事の運営に苦慮することになるのである（末柄二〇一八）。

### 公武関係の相対化①——宗教政策から

これまでみてきたように、室町将軍と上皇・天皇は、室町幕府成立時より密接な関係にあり、将軍は天皇が行う公事の復興を財政支援によって担いつつ、公事への参加や皇位継承への関与等を通じ、上皇・天皇の政治を支えた。そしてこうした関係や役割は、応仁の乱によって将軍家および幕府が分裂するまで維持された。したがって、確かに将軍家と天皇家二者の関係は、必ずしも対立的なものではなかったといえ、近年の研究が、「権限吸収」論に象徴される、公武を対立的に捉える構図の相対化へと向かうのもうなずける。

ただし一方、将軍（室町殿）の政治が、常に上皇・天皇との関係に規定されるものではなかったことにもまた注意が必要である。すなわち将軍が、たとえ公武関係という公家と武家の二者間の関係においては、「王家」を輔弼する役割を帯びていたとしても、そのことが将軍の行う、あらゆる政治的側面に作用したわけではない。したがって、もし、室町期における列島社会の統治の主体はいずこにあったのか、という問いをたてるならば、将軍御所や内裏などの特定の政治空間における将軍と天皇・上皇の関係のみならず、京都という都市空間さらには列島社会における両者の位置づけと関係、あるいは両者と他権門との関係、などについても考察されていく必要があろう。

このような観点にたったときに注目される研究として、大田壮一郎氏による室町殿および室町幕府の宗教政策をめぐる研究がある（大田二〇一四）。すなわち大田氏は、先行研究の指摘する、南北朝期における「公家政権下に成立した権門寺院秩序の崩壊や国家的法会の退転」という状況を、室町幕府が打開していく過程を明らかにし、そのうえで、「室町殿（足利家家長）は公家・武家そして寺社勢力を編成しつつ、求心性の強い権力構造を作り上げた。（中略）公か武か、禅か顕密か、といった二項対立的・相対的な視点では室町期の実態を十分に把握することはできない」と述べている（前掲書、二七頁）。

留意すべきは、こうした見解がかつての「権限吸収」論や「王権簒奪」論を批判しつつ展開されている点である。すなわち室町殿の宗教政策が、禅宗・浄土宗をも含む新たな

「八宗《はっしゅう》」認識のもとでの宗教政策であったことに象徴されるように、その権力構造は、天皇・上皇が形成していた秩序や権限を奪取して形成されたものではなく、既存の秩序を利用しながら新たな要素を多分に含み込んで形成されたものであった。

このような大田氏の指摘を、統治という問題に即しさらにふみこんで解釈するならば、たとえ室町殿の宗教政策が、「権限吸収」や「王権簒奪」という手法をとらずに展開し得たものであるとしても、その結果として、天皇・上皇ではなく室町殿を核とする権力構造が形成されることになったことは読みとれよう。氏が実証しているように、南北朝期の北朝と幕府いずれもが寺社嗷訴《ごうそ》への有効な対策をとれずにいるなか、足利義満は寺社権門内部への拠点構築や財政基盤の保障等を通じ、神輿《しんよ》入洛型の嗷訴の消滅を達成した。また義満は、鎌倉幕府が成しえなかった将軍家子息の門跡《もんぜき》寺院への入室も果たすことにより、「国家的祈禱を担う宗教組織」の編成を行った。こうした事実に加え、義満政権期以後、地域寺社からの申請により、本末関係の再契約や将軍家祈願寺化と勅願《ちょくがん》寺化が進んだこと、その背景に「室町殿を核とする在京領主社会の展開」があったことにも、宗教を介して地域社会に浸透していく室町殿の「求心性の強い権力構造」の姿が現れているといえよう（大田前掲書）。

## †公武関係の相対化②——都市政策・経済政策から

統治の主体という問題を、大田氏と同様、室町殿と宗教勢力との関係に着目しつつ、とくに京都という都市空間にてらして考察する場合に重要な素材となるのが、以前にもふれたことのある、室町将軍と比叡山延暦寺(山門)との関係である(拙著『比叡山と室町幕府——寺社と武家の京都支配』東京大学出版会、二〇一一)。すなわち山門は、室町幕府が京都におかれる以前から、有力商工業者や金融業者の「本所」として京都を経済的に支配するばかりでなく、朝廷の設置していた検非違使庁《けびいしちょう》と対立しながら独自の行政・警察機能を保持していた。そのため、先述した佐藤進一氏の「室町幕府論」においても、将軍権力の確立と京都市政権の確立とが不可分の関係にあるなか、将軍足利義満による京都市政権の掌握において重要な鍵となったのが、検非違使庁および山門との関係であったことが指摘されている。

中世を通じてみられる山門の京都支配は、具体的には、①神輿入洛など嗷訴を通じた政治行動、②祇園社や北野社などの末社に所属する社僧・公人・商工業者・非人に対する支配、③山徒《さんと》(妻帯している山門僧)と山門末社である日吉社の神人《じにん》によって構成されている「土倉《どそう》」・「酒屋」(=金融業者)に対する支配、などの諸側面において確認することができる。

こうした山門の京都支配のありようは、足利義満の対山門政策の展開によって大きく変わり、①は山門使節制度の設置により嗷訴の消滅へと至り、②の本末関係は、末社に将軍家御師《おし》職《しき》が設置されることによって将軍家の関与を受け、③も、将軍が「山徒」の土倉・酒屋から「土倉方一衆《どそうかたいっしゅう》」（「日吉《ひよし》小五月会《こさつきえ》馬上方一衆《ばじょうかたいちしゅう》」ともよばれる）を組織することにより、将軍家の年中行事費用と延暦寺末社の祭礼（日吉社の日吉小五月会および祇園社の祇園御霊会《ごりょうえ》）を支えるしくみの成立へと至る。

　これらの諸政策の展開は、義満の「公家化」の進行とほぼ同時期に行われた。また、将軍御師職および山門使節制度・土倉方一衆制度いずれも、将軍による社僧や山徒の編成であるという点で、公家を主従制的に編成した「室町殿家司制度」と同様、他権門構成員の主従制的編成と言い得る性格を帯びていた。そして土倉方一衆制度および土倉・酒屋役の成立が幕府と山門の財政基盤の共有を意味したことは、幕府の公事費用の調達による公事の運営が公武関係を緊密化させたのと同様、将軍家の年中行事費用の調達を山門が支えることで幕府と山門両者の関係が緊密化したことを物語る。すなわち将軍は、公家権門のみならず寺社権門をも自らのもとに統合したのである。

　一三九四年（応永元）の将軍義満による日吉社参詣は、公卿、殿上人《てんじょうびと》、諸大夫、衛府侍、武家を随従させ、伝奏万里小路《までのこうじ》嗣房《つぐふさ》を惣奉行として実施された。義満を比叡山および日吉社に迎える山門大衆《だいしゅ》側の責任者となったのは山門使節であり、土倉方一衆をはじめとする京都および坂本の土倉・酒屋が諸費用を負担し、さらに富永・栗見・木津をはじめとする山門領も費用を負担した。山門側がこのとき、義満のことを「室町殿准三后従一位前左大臣征夷大将軍義満公」と呼称するばかりでなく、「聖君」・「君」と称している点は（『大日本史料』七編―一「日吉社室町殿御社参記」）、公武関係を相対化し得る位置にある寺社権門が、当時の義満を国制上どのように位置づけようとしていたかを知るうえで示唆に富む（三枝前掲書）。

このように、寺社権門の側から公武関係をみるならば、宗教・都市・社会集団にかかわるあらゆる政策において、将軍（室町殿）の統合力と求心力の大きさが際立っていることは否めない。すでに桃崎有一郎氏は、全社会、全権門の最上位にある「公方」としての室町殿について着目している（「足利義満の公家社会支配と『公方様』の誕生」松岡心平・小川剛生編『ZEAMI 中世の芸術と文化04』森話社、二〇〇七）。こうした「公方」の権力は、近年の研究動向をふまえるならば、「権限吸収」や「簒奪」という方法をとらずに確立されたものであったということになろう。そのうえでなおも問題となるのは、「公方」が天皇・上皇とは別に存在し得た中世「国家」や中世社会を、どのような像のもとに描くかという点である。中世「国家」や社会をめぐる議論の、いっそうの活発化がのぞまれる。

## さらに詳しく知るための参考文献

佐藤進一『日本の歴史9　南北朝の動乱』（中央公論社、一九六五）……「室町幕府論」を基礎におきつつ、後醍醐天皇の討幕から足利義満政権期までの通史を叙述したもの。戦後の本格的な南北朝政治史研究は、この本によって拓かれた。

河内祥輔・新田一郎『天皇の歴史04　天皇と中世の武家』（講談社学術文庫、二〇一八、初出二〇一一）……明治維新が幕府のみならず朝廷の解体をも意味したことを指摘したうえで、中世という時代を、かつて摂関家や上流貴族によって担われた朝廷再建運動が武士によって担われた「朝廷・幕府体制」の時代であったとする。広い視野のもとで、公武関係をめぐる政治史を叙述している。

大田壮一郎『室町幕府の政治と宗教』（塙書房、二〇一四）……南北朝・室町期政治史研究が、公武関係を焦点に展開されているなか、武家と寺社の関係に着目しながら、「公武を包摂する権力」としての室町殿像を明らかにしている。

石原比伊呂『室町時代の将軍家と天皇家』（勉誠出版、二〇一五）……様々な儀礼の場における、代々の室町将軍と北朝天皇家の関係について詳細に検討することにより、「准摂関家」・「王家」の執事としての足利将軍家の性格を明らかにしている。

末柄豊『日本史リブレット82　戦国時代の天皇』（山川出版社、二〇一八）……本講で十分にふれることのできなかった応仁の乱以降の公武関係、および天皇と朝廷の動向について詳述している。

第13講　# 戦国の動乱と一揆

呉座勇一

## 一揆とは何か

戦国時代というと、武田信玄や上杉謙信といった戦国大名が活躍した印象が強いだろう。だが、この時代は一揆の最盛期でもあった。一揆は、戦国の動乱のもう一方の主役と言えよう。

一揆という言葉を聞くと、農民が竹槍を持って悪代官を襲うといった「反乱」イメージを思い浮かべる人が多いかもしれない。しかし、江戸時代に発生した百姓一揆は三七一〇件確認されているが、竹槍で役人を殺害したのは一件だけである。竹槍一揆はむしろ明治時代になってから新政反対一揆として展開し、それも明治十年代には沈静化してしまう。

実は江戸時代の百姓一揆は棒、鍬《くわ》、斧《おの》、鎌、鳶口《とびぐち》、竹杖《ちくじょう》など農具・大工道具しか用いない。百姓たちは害獣駆除用に鉄砲も所持していたが、百姓一揆には用いていないのである。

百姓一揆は幕藩権力に対して「仁政《じんせい》」を要求する請願の性格が強く、デモやストライキに近い。

では、中世の一揆はどのようなものだったのか。近世の「起こす一揆」に対し、中世の一揆は「結ぶ一揆」であるという説明がしばしばなされる。中世においては、武装蜂起などの具体的な抵抗運動を伴っていなくても、団結そのものを「一揆」と呼ぶことがあった。そこで久留島典子氏は、一揆を「ある目的達成のために構成員の平等を原則に結ばれた集団と、その共同行動」と定義している（久留島典子「領主の一揆と中世後期社会」『岩波講座日本通史　第9巻中世3』一九九四）。

また江戸時代の一揆は百姓一揆だけで、他の一揆はない。ところが中世の場合、百姓だけが一揆を結んだわけではない。武士も僧侶も神官も一揆を結んだのである。

中世の百姓が結成する一揆としては、第一に「荘家《しょうけ》の一揆」が挙げられる。これは荘園領主に対して年貢の減額や代官の更迭などを請願する一揆で、江戸時代の百姓一揆と性格が似ている。ただし、荘園領主に訴えるという性質上、荘園単位で一揆を結んでいる。

次に「土一揆《つちいっき》」。酒屋や土倉などの金融業者を襲撃して幕府に徳政令を出させることを目指す一揆（徳政一揆）を主に指すが、それ以外の一揆を指すこともある（後述）。教科書では正長《しょうちょう》の土一揆（一四二八）が特筆されるが、その後も土一揆は多発している。

武士によって構成されている一揆もある。「荘家の一揆」や「土一揆」という言葉は同時代史料に出現するが、武士の一揆に対する定まった呼称は確認されていない。このため、学界では「国人《こくじん》一揆」という研究用語を創出した。「国人」は南北朝・室町時代の史料に頻出する言葉で、本来的には「その国の人」という意味を持つ。とは言え、たとえば安芸《あき》国に住んでいる人なら誰でも「安芸国人」と呼ばれるわけではなく、基本的には武士（武家領主）層を指す。しかし最近は、「国人」より身分の低い武士も一揆を結ぶことを重視し、「領主の一揆」「領主一揆」という用語を提唱する研究者もいる。

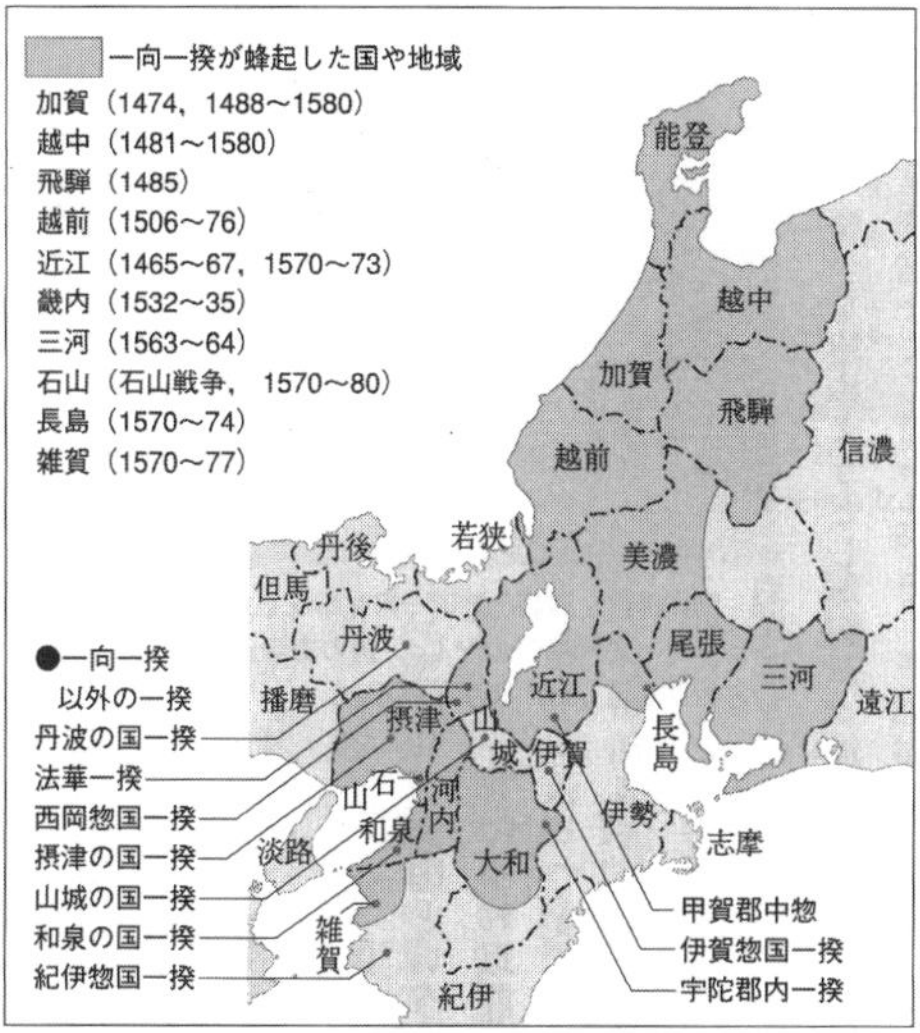

一向一揆・惣国一揆などの分布図（池上1992）

## †一揆と戦国大名

戦国時代は一揆が大規模化・組織化した時代でもある。その代表が一向《いっこう》一《いっ》揆《き》と惣国《そうこく》一揆である。一向一揆は、一四六〇年代から一五八〇年代までの間、主に北陸・畿内近国において発生した本願寺門徒を中心とする一揆、および一揆による武装蜂起を指す。本願寺第十一世の顕如《けんにょ》は織田信長と対立し、十年にわたって武力闘争を繰り広げるが（石山戦争）、一五八〇年（天正八）に信長と講和して大坂から退去した。その過程で伊勢長島一向一揆、越前一向一揆、加賀一向一揆などが織田軍によって鎮圧された。

また一国規模の一揆とされる惣国一揆も同様の運命をたどった。伊賀惣国一揆が一五八一年（天正九）に織田信長の伊賀攻め（天正伊賀の乱）によって、紀州惣国一揆は一五八五年（天正十三）に豊臣秀吉の紀州征伐によって解体されたのである。

そのため、かつては戦国大名から発展した統一権力が、一向一揆や惣国一揆といった民衆闘争を弾圧することで中世社会から近世社会に転換した、と考えられてきた。確かに、垂直的な支配―被支配関係を基軸とする大名権力・統一権力と、構成員の平等を理念とする一揆は水と油の関係に見える。しかし、その後の研究では、戦国大名権力の一揆的構造が指摘されている（勝俣鎮夫『戦国法成立史論』東京大学出版会、一九七九）。一揆は構成員の相互対等を特徴とするが、結成される時には神仏に誓う形で契約が交わされる。そして神仏という絶対者の代わりに大名当主を置く、すなわち大名当主を推戴《すいたい》した武家領主の一揆こそが戦国大名権力であるというのだ（久留島典子『一揆と戦国大名』講談社学術文庫、二〇〇九、初出二〇〇二）。一方、戦国期の一揆に関しては、反権力闘争ではなく、地域権力としての側面が重視されるようになった。

一揆と戦国大名が類似した構造と機能を持つのであれば、両者を殊更に対立的に評価する理由は失われる。実際、本願寺や惣国一揆が信長・秀吉と敵対したのは、畿内の諸政治勢力の合従連衡の結果にすぎず、信長・秀吉と提携するという選択肢が絶無だったとは言えない。

最近は、戦国大名権力の一揆的性格を強調する右の見解に対する批判も登場しており（長谷川博史「国人一揆と大名家中」『岩波講座日本歴史　第9巻』二〇一五）、筆者も同意見である。けれども、一揆と大名を不俱戴天の敵とみなし、前者の後者に対する屈服によって近世が始まるといった古典的理解が成り立たないということは、学界の共通認識になっている。

## †本願寺と一向一揆

一向宗とは、親鸞を開祖とする浄土真宗、中でも本願寺教団を指す言葉である（ただし本願寺は一向宗という呼び名を嫌い、真宗と自称した）。一向一揆は、一向宗門徒を中核とした一揆である。ただし、中世に「一向一揆」という言葉はなく、江戸時代に出現し、明治以降に研究用語として定着し現在に至っている。

本願寺は、中興の祖とされる第八世蓮如の登場によって急速に教線を拡大する。応仁の乱前後の社会不安の中、来世での救済を求める人々の心を、蓮如は確実につかんだ。加賀で一向一揆が形成されていくのも応仁の乱中の現象であり、本願寺と一向一揆は戦国の申し子と言える。

それでは本願寺と一向一揆は、これまでどのように研究されてきたのだろうか。戦前の仏教研究においては、宗派・教団ごとに研究する宗派史・教団史研究が主流であり、本願寺研究は「真宗史」研究として行われた。一向一揆も真宗史研究の一環として行われたので、必然的に信仰のための戦い、つまり宗教戦争としての側面に注目が集まった。なお、世を乱す暴徒と否定的に評価する向きもあった。

こうした研究状況は敗戦とともに一変する。戦後の歴史学界ではマルクス主義が基調となり、一向一揆も階級闘争史の観点から研究が進められ、反権力性が賞揚された。同時に、一向一揆の宗教的性格への関心が低下し、「一向一揆は宗教のベールをかぶった農民戦争」といった評価が浮上する。

さて一向一揆を反権力の階級闘争と把握した場合、本願寺の位置づけが問題になる。蓮如以来、社会の最底辺の人々に寄り添ってきた本願寺だったが、教団の拡大にともない、広大な領地を有する大荘園領主へと変貌した。

一五二七年（大永《たいえい》七）には蓮如の曾孫にあたる本願寺第十世証如《しょうにょ》が関白九条尚経《くじょうひさつね》の猶子《ゆうし》になり、後奈良《ごなら》天皇の弟である尊鎮法親王《そんちんほっしんのう》を師として得度した。享禄・天文の争乱で一五三二年（天文元）の山科《やましな》本願寺焼き討ち（これを契機に本願寺は大坂に拠点を移す）などの大打撃を受けると、証如は室町幕府との関係修復に努め、各地の一向一揆の蜂起を抑制するようになる。大名化し、支配者階級の仲間入りを果たした本願寺は既成の権力・秩序との共存へと舵を切り、一向一揆を構成する地侍や百姓と方向性が必ずしも一致しなくなる。こうした乖離に着目した鈴木良一は「本願寺と一向一揆とは明らかに別物である」という衝撃的な提言を行った（鈴木良一「戦国の争乱」『岩波講座日本歴史　第8巻中世4』一九六三）。

この「別物論」の提起を契機に、本願寺と一向一揆の関係が具体的に追究されるようになる。一向一揆が本願寺門徒のみによって結成されたものではなく、門徒と非門徒（他宗派の信者）の連合という性格を持つものであることが解明された。

本願寺の門徒組織に関する研究も進展した。かつては本願寺が惣村の指導者を門徒にすることで惣村の一般百姓も芋づる式で門徒にし、惣村を丸ごと掌握したという笠原一男の説が広く信じられていた。だが、この説の根拠とされた史料に対する笠原の解釈に誤りがあることが指摘され（峰岸純夫「一向一揆の構造」『中世社会の一揆と宗教』東京大学出版会、二〇〇八、初出一九七六）、村落結合と門徒の「講《こう》」とを区別する見方が定着した。この点でも本願寺の指導力に限界があったことが浮き彫りにされたのである。

## †別物論と一体論

右の「別物論」を極限まで推し進め、独自の議論を展開しているのが、神田千里氏である。神田氏によれば、地方で布教を担った末端の一向宗徒は神官、山伏、陰陽師《おんみようじ》、巫女《みこ》といった民間の宗教者・芸能者で、占いや祈禱、降霊術などによって民衆の信仰を獲得していた、という。もちろん右のような宗教活動は本願寺教団の正統的な教義である「真宗」から逸脱しているが、一向一揆の精神的紐帯《ちゆうたい》たる「一向宗」は、こうした現世利益《げんぜりやく》（無病息災や長寿など、この世で神仏から与えられる恵み）を追求する呪術的・土俗的な信仰だった、と主張したのである（神田千里『一向一揆と戦国社会』吉川弘文館、一九九八）。

既述の通り、本願寺は世俗権力（王法《おうほう》）と協調的で、反権力闘争を展開する一向一揆と温度差があったという理解は、以前からあった。しかし体制順応的な「真宗」と反体制的な「一向宗」を截然と区別するという神田氏の立論は従来の理解と大きく異なる斬新なものである。ただし神田説に対しては、本願寺教団の周縁に存在する異端的な民間宗教者を過大評価しているという批判も存在する（安藤弥「一向一揆研究の現状と課題」新行紀一編『戦国期の真宗と一向一揆』吉川弘文館、二〇一〇）。

また神田氏は最近では、一向一揆が当時の史料でしばしば「土一揆」と表記されていることに注意を喚起し、一向一揆の宗教的性格を過大視すべきでないと説いている（神田『戦国時代の自力と秩序』吉川弘文館、二〇一三）。一向一揆研究は本願寺側に伝わった史料（近世以降に編纂されたものを多く含む）に依拠する部分が大きく、知らず知らずのうちに本願寺の〝公式見解〟に引きずられがちである。本願寺中心史観を相対化する上で神田氏の研究は重要だが、なぜ一向一揆が他から抜きんでた強大な一揆になれたのかを説明できていない。

京都の法華《ほっけ》宗信徒が結成した法華一揆は中世都市京都の自治を担ったが、一五三六年（天文五）の天文法華の乱で壊滅し、復活することはなかった。一方、加賀一向一揆は九〇年にわたって加賀を支配し、加賀は「百姓の持ちたる国」（『実悟記拾遺《じつごきしゅうい》』）と言われた。一向一揆が圧倒的な存在感を持ち得た理由を、本願寺の指導と真宗の教義という要素を抜きに解明することはできないだろう。民衆支配のイデオロギーとして機能していた顕密《けんみつ》仏教の権威を、真宗のラディカルな教説（阿弥陀如来以外の宗教的権威を認めず仏法の王法からの自立を提唱）が相対化した意義をより積極的に評価すべきという見解も提出されており（仁木宏「宗教一揆」『岩波講座日本歴史　第9巻中世4』）、今後さらなる議論の進展が期待される。

さて、教団史の立場から「別物論」を徹底的に批判し、本願寺と一向一揆の一体性を強調したのが金龍静氏である。別物論が説くように、一向一揆は本願寺の思惑を超えて、あるいは制止を振り切って活動することがある。だが一方で、石山戦争に見られるように、一向一揆は本願寺の動員命令に概ね従う。それは破門される恐怖だけでは説明できない。

よく知られているように、浄土真宗は修行や作善《さぜん》(読経、写経、造寺造仏などの宗教的善行)など自力による往生《おうじょう》(現世を去って浄土に生まれること)を否定し、ひたすら阿弥陀如来にすがることで往生するという「絶対他力」の教義を持っている。本願寺の門徒になり阿弥陀如来を信仰している時点で往生は約束されているのだから、本願寺のために戦わないと往生できない、ということはない。石山戦争時に使われた軍旗と伝わる長善寺《ちょうぜんじ》(広島県竹原市)蔵の旗には「進まば往生極楽、退《ひ》かば無間《むけん》地獄」と記されているが、これは真宗の本来の教義に反する。本願寺はどうやって一向一揆を動かしていたのだろうか。

この問題を解く上で金龍氏が注目したのが「報謝行《ほうしゃぎょう》」という教義用語である。もともと報謝行は造悪無碍《ぞうあくむげ》(往生決定を良いことに悪事を行うこと)を抑止するための考えで、蓮如は往生を約束してくれた阿弥陀仏への感謝・報恩として念仏を称《とな》えることを推奨した。やがて本願寺は報謝行の概念を拡張して、門徒に軍事的な奉仕を求めるようになる。仏敵との戦いに参加することは、命がけの報謝行であるという理屈である。こうして本願寺は、「絶対他力」の教えを守りつつ、門徒を軍事動員することが可能になったのである(金龍静

『一向一揆論』吉川弘文館、二〇〇四)。

## †一向一揆と惣国一揆

本願寺・一向一揆は、門徒の増大に比例して強大な軍事力を有するようになったので、好むと好まざるとにかかわらず、大名たちの争乱に巻き込まれた。一五四七年(天文十六)、雑賀衆《さいかしゅう》蜂起の報に接した細川晴元《はるもと》は本願寺に「雑賀衆が(晴元の政敵である)畠山政国に荷担しないよう命令を出してほしい」と依頼した。これに対し本願寺は「今回の蜂起は紀伊一国全体の蜂起であるので、雑賀衆を制止するのは難しい。門徒衆だけの蜂起ならば中止命令を出せるが、『一国の儀』なので、どうしようもない」(『天文《てんぶん》日記』天文十六年九月五日条)と返答している。この紀伊一国の蜂起を「紀州惣国一揆」とみなす議論がある(石田晴男「守護畠山氏と紀州「惣国一揆」――一向一揆と他勢力の連合について」峰岸純夫編『本願寺・一向一揆の研究』吉川弘文館、一九八四、初出一九七七)。

右の理解に従えば、雑賀衆は本願寺の門徒として一向一揆の一翼を担う一方、紀州惣国一揆にも属している。そして紀州惣国一揆の利害を優先して、本願寺の命令に従わないこともあったのである。ただし、加賀国と異なり雑賀地域では真宗門徒が支配的な位置を占めておらず、雑賀衆は多くの非門徒を含んでいたとの指摘もある(武内善信「雑賀衆と雑賀一

向衆」『雑賀一向一揆と紀伊真宗』法蔵館、二〇一八、初出二〇〇五)。

いずれにせよ、本願寺の一向一揆に対する影響力は万能ではなく、一定の限界があったことは間違いない。しかし一向一揆の中核に本願寺門徒が存在したこともまた事実であり、「一向一揆と本願寺は「一体」ではないが「別物」でもない」(安藤前掲論文)のだ。両者の関係の一層の究明が求められる。

## †惣国一揆概念の提唱

次に前項で触れた惣国一揆について解説する。まず、惣国一揆の代表とされる山城国一揆の概略を説明しておこう。応仁の乱の一因は有力守護畠山氏の家督争いにあり、畠山義《はたけやまよし》就《ひろ》と畠山政長《まさなが》は、それぞれ西軍と東軍に分かれて戦った。一四七七年(文明九)に応仁の乱が終結した後も両畠山の争いは続いた。

一四七八年(文明十)、山城守護に任命された畠山政長は強力な支配を展開しようとするが、これに反発した畠山義就が河内国《かわち》から南山城《みなみやましろ》に侵攻した。両畠山が延々と戦いを繰り広げる中で南山城の武士や農民は疲弊していった。

一四八五年(文明十七)、南山城の国人《こくじん》たちが宇治《うじ》の平等院《びょうどういん》で「集会《しゅうえ》」を開いた。そして集会での決議に基づき、両畠山軍に対し南山城からの撤兵を要求した。両軍は撤退し、翌年には国人たちが「国中《こくじゅう》掟法《おきてほう》」を制定する。南山城では「国中三十六人衆」による自治が行われるようになった。この体制は一四九三年（明応二）まで継続した。当時の史料に「国一揆」と記されていたため（『実隆公記』文明十七年十二月十日条）、学界では「山城国一揆」と呼ばれている。

古典学説では、国一揆は土一揆《つちいっき》から発展した農民闘争の一形態と理解された。これに対し稲垣泰彦は、国一揆は「在地領主の連合による反守護闘争」であり、「農民闘争とは規定しがたい」と主張した。山城国一揆に対しても在地領主連合という評価を与え、農民闘争から明確に分離した（稲垣泰彦「応仁・文明の乱」・「土一揆をめぐって」『日本中世社会史論』東京大学出版会、一九八一、初出一九六三・一九六五）。

永原慶二は、国一揆と土一揆を峻別した稲垣の視角に一定の理解を示しつつも、「安芸国一揆」など南北朝〜室町期に登場する「国一揆」は支配階級たる「国人領主」の一揆であり、山城国一揆など応仁の乱以降に畿内地域で展開した農民闘争的な「国一揆」とは区別する必要がある、と批判を加えた。そして前者を「国人一揆」、後者を「惣国一揆」と称すべきとして、両者の区分を提唱したのである。

永原は、「惣国一揆」は土豪《どごう》＝小領主（中間層）と農民との〝統一戦線〟として形成されたものである、と規定した（永原慶二「国一揆の史的性格」『永原慶二著作選集　第四巻』吉川弘文館、二〇〇七、初出一九七六)。永原の提唱後、「惣国一揆」の定義をめぐって激しい論争が起こった。その主要な論点は惣国一揆の担い手をどの階層に見るかという問題にあった。すなわち、惣国一揆の主体を中間層に置く説と、在地領主層に置く説が対峙したのである。

近年は、惣国一揆を、領主の一揆と百姓の一揆が一郡〜一国規模で共同した重層的な一揆と評価する見解が有力である(湯浅治久「革嶋氏の所領と乙訓郡一揆」『中世後期の地域と在地領主』吉川弘文館、二〇〇二、初出一九八九)。村の論理・百姓の意思が惣国一揆に反映されているという主張は永原説の延長上に位置づくものであるが、農民支配のための領主組織(地域権力)という側面にも注目しており、従来の二つの主要な見解を止揚した論理構成になっている。こうした理解は、村や百姓を強圧的・一方的に支配するのではなく、むしろ村・百姓に支えられる存在として大名を位置づける戦国大名研究の転回と連動している(黒田基樹『百姓から見た戦国大名』ちくま新書、二〇〇六)。

## †惣国と惣国一揆

惣国一揆論の根底には、歴史学界が農民闘争や中世の「自治」に対して抱いていた思い入れがあったため、問題意識や理論が先行して史料の検討が不十分であった点は否めない。研究史を概観してみると、史料に現れる「惣国」を特段の分析もなく研究用語の「惣国一揆」へと変換する傾向が顕著である。

実は、「惣国一揆」という史料用語の所見は、織田信長の軍事的脅威に対処すべく一五六九年（永禄十二）十一月に制定されたと考えられる伊賀惣国一揆掟書（『山中文書』）に限られる。戦国期の畿内近国《きないきんごく》地域の史料に散見される「惣国」を網羅的に検討すると、それが組織を指す場合、国人（国衆《くにしゅう》）の連合体を意味することがほとんどであり、百姓の一揆が関わっている徴証は見られない。前述の紀州惣国一揆に関しても、史料に見える紀州の「惣国」は事実上、雑賀衆を意味するとの見方がある（小山靖憲「雑賀衆と根来衆──紀州「惣国一揆」説の再検討」『中世寺社と荘園制』塙書房、一九九八、初出一九八三）。

筆者は、通常時において「惣国」を主導している「国衆」を中核として、非常時に百姓層を含む「惣国」全体が一揆することで結成された集団こそが、「惣国一揆」であると考えている。この条件を満たすものは、戦国最末期の伊賀「惣国一揆」のみである（拙稿「乙訓郡「惣国」の構造」『日本中世の領主一揆』思文閣出版、二〇一四、初出二〇一一）。

私見に対しては、土豪・百姓層の地域における主体性を否定しているとの異論もあるが（湯浅治久「惣村と土豪」『岩波講座日本歴史　第9巻中世4』）、筆者は戦国期の領主一揆が村落・百姓に規制されていたことを否定していない。

永原が「惣国一揆」概念を提起した段階では、挙げられた実例は「山城国一揆」と「伊賀物国一揆」程度であったが、以後「惣国一揆」の範疇は拡張の一途をたどっている。今後は史料に即して「惣国一揆」を厳密に再定義していく必要があるだろう。

## さらに詳しく知るための参考文献

勝俣鎮夫『一揆』（岩波新書、一九八二）……一揆を理解する上での必読書。一味神水、満寺集会（大衆僉議《せんぎ》）における裹頭《かとう》・変声、百姓一揆における蓑笠《みのかさ》など、一揆を結成する際に行われる「変身」の「作法」に注目し、こうした呪術的行為の分析を通じて、「日本の歴史の基層に生きつづけた集団心性」を追究している。

日本史研究会・歴史学研究会編『山城国一揆——自治と平和を求めて』（東京大学出版会、一九八六）……山城国一揆に関する様々な論点を整理している。シンポジウムを書籍化したものなので読みやすい。

池上裕子『日本の歴史10　戦国の群像』（集英社、一九九二）……戦国時代の政治・経済・社会・外交・文化などをバランス良く叙述しており、一向一揆や惣国一揆に関する記述も充実している。カラー図版が豊富な点も評価できる。

神田千里『信長と石山合戦——中世の信仰と一揆』（吉川弘文館、一九九五）……石山戦争の原因を織田信長による宗教弾圧に求める通説を批判し、本願寺側から仕掛けた政治抗争であると主張し、議論を呼んだ。

川岡勉『山城国一揆と戦国社会』（吉川弘文館、二〇一二）……山城国一揆を過大評価するでも過小評価するでもなく、当時の畿内の複雑な政治情勢の中に的確に位置づけた好著。「惣国一揆」という研究概念を廃棄すべきという大胆な提言を行っている。

第14講　**戦国大名の徳政**

阿部浩一

## †中世社会と徳政

日本の歴史を振り返ってみると、現代では聞かれなくなってしまったが、その時代に頻出する特有の言葉がある。「徳政」などは、中世社会を特色づける最たるものの一つといってよいだろう。一般に馴染みのある教科書を考えても、鎌倉時代の「永仁《えいにん》の徳政令」、室町時代の「徳政一揆」などがまさにそうである。もちろん高校の教科書、一般向けの歴史書にはより幅広い時代で「徳政」という言葉自体は散見されるものの、多くの人が一般にイメージするのはやはり中世のそれではないだろうか。

「徳政」が中世社会のキーワードとなるもう一つの理由は、「徳政」という言葉から想起されるイメージと、中世社会で実際に起こっていたこととのギャップの大きさである。たとえば手近なところで『広辞苑』（第六版）を引いてみると、「①人民に恩徳を施す政治、すなわち、租税を免じ、大赦を行い、物を与えるなどの仁政。②中世、売買・貸借の契約を破棄すること。鎌倉末期に、御家人の困苦を救うために幕府が質入れの土地・質物を無償で持主に返す令（永仁徳政令）を出したのに始まり、室町時代には、しばしば窮乏化した土民が徳政一揆を起こした。」とある。仁徳のある政治、善政という本来の語義と、債務破棄、土地の無償での取戻しという現象とのずれをどう整合的に理解するか、多くの歴史家たちがその説明に苦慮してきた。

　そうした徳政論を一新したのが、笠松宏至氏の「商返《あきかえ》し」論（笠松宏至『日本中世法史論』東京大学出版会、一九七九、同『徳政令』岩波書店、一九八三など）、勝俣鎮夫氏の「地発《じおこし》」論（勝俣鎮夫『戦国法成立史論』東京大学出版会、一九七九、同『一揆』岩波書店、一九八二など）であった。詳細は割愛するが、徳政の本質を「ものの戻り」＝復古・復活に求め、土地には本来の持ち主との強固な結びつきがあり、為政者の交代などによって所有・貸借などのさまざまな社会関係が改められるという社会観念にもとづいて民衆は「徳政」を要求し、実力による債務破棄や土地取戻しが行われたのだという両氏の学説は学界で広く共有され、今でも高校の日本史教科書の説明などに採用されている。それと相前後して、在地徳政や私徳政といった、幕府の徳政令発布を必要としない社会慣行の存在も明らかにされ、「私徳政・在地徳政の海の中に、公武〔朝廷・幕府〕徳政の島が浮かんでいる」（笠松宏至『日本中世法史論』東京大学出版会、一九七九）と評されるに至った。

## †戦国大名の徳政

「永仁の徳政令」や「徳政一揆」のような日本史教科書でお馴染みのものに比べると、戦国大名が徳政を実施し、徳政令を出していたこと自体、一般にはほとんど知られていないであろう。二〇一七年（平成二十九）のNHK大河ドラマ『おんな城主　直虎』の放映によって一五六六〜六八年（永禄九〜十一）の遠州井伊谷《えんしゅういいのや》徳政《とくせい》がつとに知られるようになり、戦国時代にも徳政令が出されていたことを初めて知ったという方も多かったのではないだろうか。

実のところ、戦国大名研究の専門家の間では戦国大名の徳政の存在は知られており、領国支配に関する研究の一環として多くの個別事例が探索され、研究が積み重ねられてきた。主な戦国大名の徳政の事例については次頁の表をご覧いただきたい。

中世社会において徳政の行われる契機としては、為政者の代替り、自然災害、戦乱などが一般的である。戦国大名の場合は時代状況を反映して、やはり戦乱と関わるものが多い。徳政の行われる形態としては、家臣に給恩《きゅうおん》の一種として与えられる個別徳政と、国ないしは地域単位で一斉に発布・施行される惣徳政《そうとくせい》がある。個別に与えられる徳政は、過度の軍

| 旧国名 | 発布者 | 西暦 | 和暦 | 契機 | 内容 |
|---|---|---|---|---|---|
| 陸奥 | 芦名 | 1560 | 永禄3 | | 同年中に徳政(永禄4、元亀2・3にもあり) |
| | | 1573 | 元亀4 | 旱魃 | 徳政 |
| 伊豆<br>武蔵<br>相模 | 北条 | 1560 | 永禄3 | 代替りカ<br>百姓詫言 | 諸百姓侘言により赦免 |
| 武蔵 | | | | 戦乱 | 河越籠城につき借米・借銭の徳政 |
| (分国中) | | 1561 | 永禄4 | 戦乱カ | 諸一揆相の徳政 |
| | | 1562 | 永禄5 | 退転 | 退転した百姓に平徳政を下し、還住を促す |
| 越後 | 上杉 | 1561 | 永禄4 | 水損 | 前年の水損につき、地下人救済のため、借銭借米や質置きした男女の徳政を命じる |
| | | 1583 | 天正11 | 戦乱 | 御一乱(=御館の乱)以来の借物の徳政 |
| 遠江 | 今川 | 1566～68 | 永禄9～11 | 戦乱カ | 永禄9年に今川氏が発した徳政令を、井伊氏一族と銭主が結託して施行停止、11年に諸百姓の訴訟で実施される |
| 近江 | 浅井 | 1538 | 天文7 | 戦乱 | 六角氏との敗戦による措置<br>敵方でも降参すれば徳政を適用する |
| | | 1553 | 天文22 | 戦乱カ | 六角氏との再度の敗戦による措置か<br>借銭借米への徳政など |
| | 六角 | 1572 | 永禄10 | 戦乱 | 浅井氏との敗戦による措置<br>徳政御法を仰せつける |
| | 柴田 | 1582 | 天正10 | 代替り | 新たに長浜城主となった柴田勝豊が長浜を除き徳政を施行 |
| 若狭 | 武田 | 1531 | 享禄4 | | 徳政条々の発布 |
| | | 1551 | 天文20 | | 一部を除き徳政を適用 |
| 山城 | 織田 | 1575 | 天正3 | | 公家・門跡の経済的基盤の安定化のため徳政を実施 |
| 河内<br>播磨 | | 1576 | 天正4 | | 徳政を発して破借衆を派遣<br>「徳政之新法」により寄進・沽却等の棄破 |
| 出雲 | 尼子 | 1559 | 永禄2 | 戦乱カ | 徳政米の提出 |
| | 毛利 | 1578 | 天正6 | | 家臣に徳政 |
| | | 1579 | 天正7 | 戦乱<br>寺社徳政 | 対織田戦争と寺社造営の二大事業<br>徳政と同時に棟別徴収 |
| | | 1584 | 天正12 | 寺社徳政 | 造営費用立替の代償に「御一分之徳政」 |
| | | 1591 | 天正19 | 戦乱<br>寺社徳政 | 朝鮮出兵にあたり、毛利氏の軍事費として社領を上表、代償に徳政 |
| 土佐 | 長宗我部 | 1596など | 文禄5など | | 困窮による給人の知行上表、個別に徳政 |
| 筑前 | 大内 | 1478 | 文明10 | 戦乱 | 「徳政訴訟之事」 |
| | | 1513 | 永正10以前カ | 寺社徳政 | 寺社に限定して徳政の付与 |
| | | 1526 | 大永6 | 寺社徳政 | 祭礼の頭役勤仕に対する徳政 |
| | | 1529 | 享禄2 | 戦乱カ | 徳政条々を定め下知 |
| | | 1529～34カ | 享禄2～天文3頃カ | 戦乱カ | 籠城にあたり困窮を訴え徳政を愁訴 |
| | | 1533 | 天文2 | 寺社徳政 | 修造費調達のため「徳政之御下知」を申請 |

**戦国大名の徳政の主な事例**

＊ここでは史料に「徳政」という文言が出てくるものを主に抽出した。

事負担が要求される最前線での城詰めにあたる家臣などの経済的困窮を救済したり、離合集散を繰り返す領主層を懐柔することで戦況を有利に導こうとする一種の利益誘導策であったりする。惣徳政の場合、戦争の遂行にあたっての軍事動員の代償として出されることもあれば、逆に敗戦の危機に瀕して広く領国民の支持を取り付けようとするものもあった。さらに、戦後処理策として、戦乱で疲弊した郷村《ごうそん》を救済する意味合いを持つものもあった。特に新たな領土を獲得した場合に旧勢力の売買貸借関係を破棄することによって、新たな領主の交替＝「代替《だいがわ》り」＝「世改め」を強く意識させることにつながった。これは為政者の代替りに徳政が行われるべきだとする中世民衆の観念とも深くかかわるものであった。

戦国大名の徳政令の内容を見ていくと、中世徳政における眼目の一つである借銭《しやくせん》・借米《しやくまい》の破棄が主たるものである。そうした中で、特定の国・地域を対象に一斉に発布される惣徳政の場合は、領国政策の一環としてより幅広い内容を持たせ、善政の内容を強く含ませるものもあった（勝俣鎮夫「戦国法の展開」永原慶二ほか編『戦国時代』吉川弘文館、一九七八）。その典型例と目されるのが、一五六〇年（永禄三）の北条氏徳政令である。

## †永禄三年の北条氏徳政令

一五六〇年（永禄《えいろく》三）の北条氏徳政令は多くの研究者たちによって注目され、永禄初年の飢饉と北条家の代替り（藤木久志「永禄三年徳政の背景」『戦国史研究』三一号、一九九六）を背景に、古くは農村維持と商業保護（中村吉治『土一揆研究』校倉書房、一九七四）、近年では税制改革と勧農《かんのう》の性格（則竹雄一「大名領国下における年貢収取と村落」『歴史学研究』六五一、一九九三、同『戦国大名領国の権力構造』吉川弘文館、二〇〇五）、「目安箱設置による裁判制度の整備・改革」（久保健一郎『戦国大名と公儀』校倉書房、二〇〇一）、「『村の成り立ち』維持を基底とする構造改革」（黒田基樹『戦国大名の危機管理』吉川弘文館、二〇〇五）など、さまざまな角度から多彩な評価がなされてきた。

この徳政令が出された事情は、家督を子息氏政に譲っていた北条氏康と、師である箱根別当融山《べっとうゆうざん》との間でやり取りされた書簡に伝えられている（小笠原長和『中世房総の政治と文化』吉川弘文館、一九八五、久保健一郎『戦国時代戦争経済論』校倉書房、二〇一五）。両者は為政者としてのあるべき姿について意見交換をしているが、融山は①禁中御修理、②神社仏閣の修理、③萬民哀憐などを提案し、百姓に礼を尽くすことで「国家」は自ずと治まることを説いている。それに対し氏康は特に③に答えて、「萬民を哀憐し百姓に礼を尽くす」ための具体的方策として徳政令の発布、諸人の訴えを聞き届けるための目安箱の設置と公正な裁判の実施をあげ、これが天道に叶うからこそ、関八州《かんはっしゅう》は残らず北条氏の手に属してきたのだという自負を述べている。氏康の言葉を借りれば、氏政への代替りにあたっての「国家の意見」のあらわれ、撫民《ぶみん》思想を基調とする北条「国家」（なお、戦国時代の「国家」の理解については、勝俣鎮夫『戦国時代論』岩波書店、一九九六を参照）の支配原則を示したものがこの徳政令であったとみることができる。

この法令は二月の伊豆国牧之郷《まきのごう》宛（以下、二月令）と三月の武蔵国網代郷《あじろごう》宛（以下、三月令）の二通が伝来しており、前者は「諸百姓御侘言申すに付いて御赦免条々」、後者は「御領所方諸百姓御侘言申し上げるに付いて御赦免条々」とあるのみで「徳政令」とは明記されていない。しかし、前半部の条文中に「徳政入れられ」とあり、後半部の最初に「この外徳政入るまじき条々」とあること、そして先の北条氏康書状から「徳政令」と捉えることができる。

二つの法令は発布された日付に約二週間の開きがある。内容にも若干の相違があるが、大まかに言えば、前半部は北条氏による「徳政」の内容、後半部は「徳政」の適用外という内容で構成される。

前半部は①年貢の納め方の変更で、北条氏は貫高制《かんだかせい》に基づき銭で収めることを原則としてきたが、次回からはその半分は米でよいとした。残り半分の銭についても、精銭《せいせん》の中に一定の割合までは悪銭《あくせん》を混ぜてよいとした。さらに②多様な形態の債務の帳消しや質物の取戻し、③は二月令のみで、年期売《ねんきうり》（期間を限って売却する形態）した妻子・下人の取り戻し、そして④同じく年期売した田畠の取戻しに関する、売主と買主との間の手続き規定で構成されている。三月令の②では「三嶋酉町を限り」として、伊豆三島社の十一月の酉祭《とりまつり》（＝酉町）の祭礼を質流れの期限とする規定（山口博「『三嶋酉町』と流質との関連をめぐって」『小田原地方史研究』第一六号、一九八八）が示されており、民間の慣習が戦国大名の法理に取り込まれている点で興味深い。全体として、戦乱や飢饉の中で困窮する諸百姓に対し、冒頭で年貢の半分を銭ではなく現物の米で収めさせることで便宜をはかり、債務の帳消し、年期売で売却した妻子・下人や田畠の取戻しによって困窮する生活の立て直しを推し進めるなど、やはり狭義の徳政にとどまらない内容の幅広さを見て取れる。

後半部は⑤百姓が未納し、諸代官・諸奉行などがいったん立て替えて納入した分は徳政の対象とせず、速やかに返済する、⑥「御一家中蔵銭」は対象としない、⑦無尽銭《むじんせん》も対象としない、⑧は二月令のみで、永代売《えいたいうり》については目安で訴え、裁許する、といった内容である。特に⑤・⑥は北条氏一族、代官・奉行など北条氏の財政運営に直接関わる問題であり、それゆえに強い保護を与えていたことがわかる。

以上の条文を受けて、特に三月令では百姓中に対し、年貢などの諸負担を未納することなく皆納し、田畠を荒らさない旨を守ることを誓約する請状《うけじょう》を提出し、その上で徳政令の適用を受けるよう指示されている。徳政令の適用を受けるのは百姓であって、出家・奉公人・商人・諸職人などが田畠に出向いて耕作していても対象とはならないが、百姓役をつとめる場合は百姓同前に徳政令を適用されるので、結局のところは代官・名主《みょうしゅ〔なぬし〕》が分別して申し付けるようにとある。質入れ品を取り戻す際にも、請札《うけふだ》を持参し、役人と相談して穏便に取り戻すよう伝えられており、室町時代の徳政一揆などで伝えられるような混乱ぶりとは異なり、手続きを踏みながら秩序だった行動を求めている。

## †徳政令を受け止めた人々

では、北条氏が発布した徳政令は諸百姓たちにどう受け止められたのだろうか。その手がかりとなる一通の興味深い史料が残っている。

五月十五日、相模国西郡十か村の百姓たちは、酒匂《さかわ》蔵に納めるべき「年貢方」として「俵物《たわらもの》」を入れ置いたが、徳政令が出たことでこれを取り戻そうと、北条氏に目安（訴状）にて訴えた。北条氏は酒匂代官の小嶋左衛門太郎を召し出して糾明し、「年貢方」に徳政は適用されないとして、百姓たちの訴えを退けている。俵物とは、俵に入った現物の米穀類であろう。永禄三年の徳政令が出るまでは、年貢等の諸負担はすべて銭で納めるはずだったのに、なぜ俵物が蔵に入れられていたのか。百姓たちは徳政令を根拠に俵物を取り戻そうとしたのに、北条氏が徳政の適用外と判断したのはなぜなのか。

内容から見て、「年貢方に入れ置いた俵物」とは、年貢の「かた」すなわち年貢を銭で納められない代わりに担保として納めた現物の穀物のことではないかと考える。百姓たちは、徳政令で一般的な「蔵」での借銭・借米の帳消しや質物の取戻しが規定されているのを受けて、年貢のかたにとられた俵物を「蔵」から取り戻そうとしたのではないだろうか。しかし、先の徳政令では⑤百姓が未納し、諸代官・諸奉行などがいったん立て替えて納入した分は徳政の対象とせず、速やかに返済する、⑥「御一家中蔵銭」は対象としないとあるように、北条氏の「蔵」は徳政令の対象から除外され、強い保護を与えられていた。

では、一般的な金融業者が経営し徳政令の対象となる「蔵」と、徳政令からは除外される大名の「蔵」はそもそも別物であるはずなのに、なぜ混同されるような事態が起こったのか。その背景に、代官が職務として年貢収納義務を第一としていたため、村が年貢を納められず未進《みしん》した場合はいったん立て替えて弁済し、村からは利子をつけて徴収するなど、未進年貢の貸借化が進展していた状況がある。しかし、代官も未進年貢を代納することで債務を負い、代官の職務を全うできなくなる可能性がある。そこで大名の「蔵」には、当時「蔵本《くらもと》」「蔵方《くらかた》」「銭主《せんしゅ》」「土倉」などと呼ばれた金融業者たちが経営に深く関わるようになり、ときには代官として年貢収納の職務を担っていた。このことがおそらく「蔵」の混同を招いた原因であろう。蔵本は大名の「蔵」の経営を通じて大名の財政機構にも深く関わっており、それ故に一方的に債権を破棄される存在ではなくなっていたのである。

### †遠州井伊谷徳政と銭主瀬戸方久

徳政令と蔵本との関係でいえば、その典型例が、『おんな城主　直虎』でも登場して一躍その名を知られることになった瀬戸方久《ほうきゅう》である。

遠州井伊谷徳政とは、一五六六年（永禄九）に今川氏が徳政令を発したところ、徳政令の施行に抵抗する銭主が井伊氏一族の主水佑《もんどのすけ》と結託し、その施行を停止してしまったことに始まる。本百姓の訴訟により、匂坂直興《さぎさかなおおき》が今川家家老関口氏経《うじつね》への内儀（内密の相談によって訴訟を有利に運ぶよう助力を乞う行為）によって、一五六八年（永禄十一）に徳政令の停止解除を命じる文書が出されたというものである。

なお余談ながら、大河ドラマの放映開始直前に、井伊家の筆頭家老木俣《きまた》氏の聞書の存在が公表され、報道によれば井伊次郎は関口氏経の子で、今川氏真《うじざね》により井伊家に送り込まれた人物であるとの記述が見られるという。遠州井伊谷徳政の処理に氏真が直接登場せず、氏経と次郎直虎の連名で徳政令の再施行を命じている理由も、この聞書によってうまく説明がつくのではないかと考える。ただし、別の文書に出てくる「次郎法師」と「次郎直虎」はさらに別人である可能性もあることは留意しておきたい。

本題に戻ると、方久は井伊氏の直轄地を経営する請負代官で、井伊氏一族の主水佑と結託してその施行を停止した銭主であったと見られる。方久はその後、徳政令停止が解除される以前に、井伊氏から安堵を受けていた買得地《ばいとくち》の保障を今川氏真に求め、氏真からは新城にて蔵を建てて商売諸役を免除される特権を得ている。

このような金融業者たちの活動は北条領国で広く確認されるばかりでなく、戦国大名のもとで一般的に見られるものであった。

## †戦国期徳政の帰結

冒頭で述べたように、「徳政」は中世社会を特色づける現象であるが、それは鎌倉・室町期にとどまらず、戦国期にも引き続き広範にみられることを紹介した。そして為政者の法としての徳政令は、中世社会の終焉とともに歴史の表舞台からは姿を消していく。その理由を教えてくれる明確な史料は容易に見当たらないが、これまでの経緯を踏まえ、私見を提示しておきたい。

一つは、徳政令が出されても公権力につながる蔵本たちには手厚い保護が与えられていたように、借銭・借米の破棄や土地取戻しを主内容としていた中世の徳政令そのものがきわめて限定的なところでしか有効性を発揮しえなくなっていたことがある。徳政免除や買《かい》地《ち》安堵にみられるように、債権債務関係や土地売買の安定化を求める社会的要請は確実に存在する。それ故に、戦国大名の徳政は「撫民」「善政」を幅広く含む内容のものとして民衆に訴えかける必要があった。北条氏は徳政適用者を百姓役負担者とすることで百姓身分の創出を企図し、権利を守るための訴訟手段として百姓直目安制を整備した。蔵銭や種米・夫《ふ》食米《じきまい》の貸付・支給を通じて百姓の再生産活動を支援しようとした形跡もみられる。

二つ目は、そうした「撫民」「善政」が本当に実現されるためには、災害や戦乱、代替りに発布される徳政令という限定的な法令ではなく、領国支配さらには社会全体の恒常的なシステムの中で構築されなければならなかった。中世民衆にとっての究極の「徳政」は、百姓としての身分保障と土地保有権の確立であったという（前掲勝俣『一揆』）。また、近世社会では「百姓永々相続」のための「御救い」として領主からの夫食・種米の助成貸付が恒常化し、それが百姓の経営維持＝「百姓成立《なりたち》」を支えていたという（深谷克己『百姓一揆の歴史的構造』校倉書房、一九七九）。戦国大名の徳政の帰結は、中近世移行期における「百姓成立」の制度的確立への過程の中でも追究すべき課題である。

なお、「徳政」という文言は鎌倉・室町幕府や戦国大名の法ばかりでなく、土地売券や借用状に「徳政令が出てもこの売買貸借は無効としない」という徳政文言としても多く見られる。近世初頭にはこの種の保証文言として、戦乱をあらわす「弓矢徳政」や、「国替」「地頭替」「代官替」などの領主層の交替を意識したものが多く見られる。こうした保証文言が見られなくなるのは十七世紀中頃とされるが、徳政観念そのものは民衆の間でその後も生き長らえ、幕末の世直し一揆などで「徳政」がスローガンに掲げられたように、社会の動揺とともに歴史の表舞台に時折顔をのぞかせていたのである。

## さらに詳しく知るための参考文献

阿部浩一『戦国期の徳政と地域社会』（吉川弘文館、二〇〇一）……本講の叙述のもとになった専門書で、永禄三年北条氏徳政令や遠州井伊谷徳政についても詳述している。

阿部浩一「伝馬と水運――戦国時代の流通の発達」（有光友學編『日本の時代史12　戦国の地域国家』吉川弘文館、二〇〇三）……本講でふれた蔵本、戦国期の東国社会に頻出する問屋《といや》など、商業流通により富を蓄積した「有徳人」たちの活躍と地域社会との関わりを描いている。

大石泰史『井伊氏サバイバル五〇〇年』（星海社新書、二〇一六）／糟谷幸裕「外様国衆・井伊氏と今川氏」（大石泰史編『今川氏研究の最前線』洋泉社歴史新書y、二〇一七）／黒田基樹『井伊直虎の真実』（角川選書、二〇一七）……大河ドラマ放映を機に高まりを見せた、遠州井伊谷徳政をめぐる最近の研究動向と諸学説を詳しく知りたい方にお薦めする。

久保健一郎『戦国時代戦争経済論』（校倉書房、二〇一五）……最近までの永禄三年北条氏徳政令の研究史を詳細に整理・検討しているので、研究を志す方は学説史を知るためにも、目を通されるとよい。

黒田基樹『戦国期の債務と徳政』（校倉書房、二〇〇九）……拙著では「百姓成立」と蔵の問題を展望するにとどまったが、広く「村の成り立ち」論から徳政研究を詳述している。

第15講

# 中世から近世へ

五味文彦

日本歴史の時代区分では、中世は一〇六八年（治暦四）の後三条天皇の即位から、一五六八年（永禄十一）の織田信長上洛までの約五百年をさし、それ以前を古代、以後を近世とするのが一般的である。これに基づいて中学や高校の教科書も書かれているので、本書もこれに沿って中世の歴史について考えてきた。

第14講までの各講義は、それぞれの時期の特徴となる出来事に絞って見てきたことから、あるいは中世の歴史の流れがよくつかめないと感じた読者もあろうかと考え、ここでは中世史の展開をざっくり振り返ってみることで、近世への道筋について考察することにしよう。本講義を読んで、改めて各講義を読まれることをおすすめする。

## †身分秩序と家の流れ

中世の始まりとなる後三条天皇登場の前提には、天皇を中心とする宮廷政治とその身分秩序があった。八六六年（貞観八）、藤原良房《よしふさ》が摂政として天皇を後見して支える摂関政治が始まると、それまでの激しい皇族間での皇位継承の争いはなくなり、摂関主導の陣定《じんのさだめ》の会議で重要な政治事項を審議し、天皇がそれを決済する体制が生まれた。

それにともなって天皇の日常の政務は、蔵人所《くろうどどころ》を中心に処理され、天皇の側近が殿上人《てんじようびと》として待遇される昇殿の制が定まり、以後、天皇中心の身分秩序が基本的に中世・近世へと継続することになる。

摂関政治の展開とともに政争は摂関の地位をめぐって藤原氏の間で行われ、そうしたなかで摂関に抑えられていた状態から脱した後三条天皇が、親政を行うことから中世社会が始まったのである。さらに天皇が譲位後に皇位を我が子孫に伝えるため、上皇（院）として政治を行う院政を、後三条天皇の子白河天皇が開始した。

上皇は天皇家の家長として国政を主導するなか（「治天の君」）、藤原道長の流れをひく摂関家、大臣に至る上流貴族の閑院家《かんいんけ》、村上天皇の皇子の流れの村上源氏の家、朝廷の実務を担う勧修寺家《かじゆうじけ》など、それぞれに財産と地位を相続する家と家格が形成され、朝廷はさながら家の集まりとしての性格を有するようになった。

この家形成の動きは武士にも広がった。摂関時代に地方に活躍の場を求めた軍事貴族や、地方で富を蓄積した豪族が成長し、武士の家を形成したものであって、院政はこの武士を武力の基盤として展開したのである。武士のなかでも桓武天皇の流れをひく平忠盛と、清和天皇の流れをひく源義家が武士の長者として台頭するなか、忠盛は昇殿を果たして武家を形成した。

これに対し、後三年の合戦を経て白河院に仕えた義家の子孫は不遇を味わっていたが、やっと白河院の孫鳥羽院の死後に国政の実権をめぐって争った一一五六年（保元元）の保元の乱で、源義朝が後白河天皇方の勝利に貢献し、武家を形成した。この争いでの武士の活躍は目覚ましく、「武者の世」の到来を識者に感じさせた（『愚管抄《ぐかんしょう》』）。その三年後におきた源平二つの武家が争った一一五九年（平治元）の平治の乱に勝利した平清盛は、後白河上皇を支えて一一六七年（仁安二）に太政大臣となり、武家政権が成立する。

だが、平治の乱で伊豆に流されていた源頼朝が、平氏と後白河法皇との対立を機に東国の武士を結集して一一八〇年（治承四）に挙兵、治承・寿永の内乱を経て平氏の武家政権を倒し、相模の鎌倉の地に武家政権を樹立した（鎌倉幕府）。これにより西国に基盤を置く公家政権、東国に基盤を置く鎌倉政権の、二つの政権が並立することになった。

鎌倉政権も内実は武士の「長者」頼朝と主従関係にある有力御家人の家の集まりの性格を有しており、頼朝が亡くなると、幕府の実権は北条時政ら御家人の家連合が握り、将軍職を継いだ子の頼家を退け、実朝を将軍に立てたが、その実朝が殺害されて源氏将軍の跡が絶えたので、摂関家から次期将軍を迎えた。

これを機に、京にあって院政を行っていた後鳥羽上皇が、一二二一年（承久三）に倒幕をはかって挙兵したのだが、北条時政の孫泰時が率いる東国の大軍の前に敗れてしまい（承久の乱）、上皇は隠岐島《おきのしま》に流され、それとともに幕府の勢力は西国《さいごく》に伸長した。

## †公武両政権が共存する政治

泰時は後高倉上皇（後鳥羽の兄）を「治天の君」に据え、公家政権の立て直しをはかるかたわら、幕府の実権を執権として握り、御家人連合の合議に基づく政治（執権政治）を推進し、その政治指針として一二三二年（貞永《じようえい》元）に『御成敗式目』（貞永式目）を定めた。これは武家政権の基本法とされて、その後の室町幕府の『建武式目』、戦国大名の分国法、江戸幕府の『武家諸法度』へと継承されてゆく。

一方、泰時が執権職を代々継承する家として得宗家を整えたことから、幕府はその得宗を中心とする政治体制となっていった。泰時の孫で得宗の時頼は対立する勢力を退け、朝廷の政治に介入して後嵯峨院政の体制の整備をはかるとともに、一二五二年（建長四）に後嵯峨の皇子宗尊《むねたか》親王を将軍に迎え、これにより公武両政権は安定化した。

しかし後嵯峨院の死後に天皇家の家職の継承をめぐって、皇統が大覚寺統と持明院統に分裂し、これに連動して摂関家以下の公家の家々でも家職の継承争いが生じた。幕府の御家人の家々でも嫡子・庶子の相続争いが生じており、折からのモンゴルの二度の襲来を経て、得宗を中心とする北条氏一門と有力御家人勢力との対立が激しくなり、これに皇統の分立が絡み政治は混沌となった。

この状況に大覚寺統の後醍醐天皇が、我が皇統への皇位継承を目指して倒幕の檄を発すると、有力御家人の足利尊氏がこれに呼応して挙兵、それとともに鎌倉幕府は内部分裂をおこし、一三三三年（元弘三）に倒壊し、後醍醐天皇の親政が始まった。

成立した後醍醐政権は公武統一を目指すが、それはならずして親政は瓦解する。尊氏は京に幕府を開き、朝廷は京の北朝と吉野の南朝の南北朝に分裂した。尊氏の開いた室町幕府の内部対立もあって、戦乱は全国に広がり長びいた。

その戦乱がようやく鎮まるのは、一三六八年（応安元）に尊氏の孫義満が将軍になった頃からで、義満は室町幕府の体制を整え、諸国に配置した足利一門の守護を統制下におき、朝廷の諸権限を奪って南北朝合一をはかり、朝廷への支配を強めていった。これにより公武政権の型が整った。義満の子義教《よしのり》の時には宮家が立てられて天皇家を支える体制が生まれて朝廷は安定化し、公家の家々では家業を形成していった。

幕府は将軍を中心に諸国の守護が領国支配を強め、守護大名の連合政権としての性格を帯びてゆき、大名の家格や武家の作法・故実が整えられた。この朝廷・幕府の在り方が近世へと継承されてゆくことになる。

ところが、将軍の継承をめぐる幕府の内部対立の末、一四六七年（応仁元）に始まった応仁・文明の乱により、諸国で新たな武家を興す動きが広がり、戦乱の拡大とともに、戦国大名が成長して、これまでとは全く違う領国支配を展開してゆくことになる。

ただその領国支配の内容を考えるためには、改めて土地制度の歴史を見ておく必要があるので、再び時代をさかのぼってみることにしよう。

## †荘園公領制とその社会

中世の土地制度は、一〇六八年（延久元）に後三条天皇の即位にともなって発された荘園整理令により、荘園公領制として始まるが、その前提には、院宮王臣家《いんぐうおうしん》という皇族（院宮家）・貴族（王臣家）や大寺社が大土地所有（荘園制）を展開する動きと、朝廷から任じられた国司の長官が受領として公領を支配する体制との競り合いがあった。

この競合する二つをすり合わせたのが延久の荘園整理令であって、荘園領主と受領双方から土地関係の書類を提出させて審査し、荘園の認可・停止を決定した。これにより認可された荘園は安定することになり、受領も国内の公田《こうでん》を調査して帳簿（大田文《おおたぶみ》）を作成し、税を徴収する体制を築いたので、公領の支配を安定して進めることとなった。

院政政権はこの荘園公領制の上に築かれていた。院や貴族の家々は荘園や公領の一部を集積して家の財産とし、上流貴族は受領を通じて国の公領の総体を支配する知行国制により富をも獲得した。鎌倉の武家政権や室町幕府も基本的にはこの荘園公領制に基づいていて、大田文を基に様々な課役《かやく》をかけていった。

荘園や公領の下では、名や私領など様々な名目の土地所有、また下司職《げししき》・公文職《くもんしき》など荘園公領の職務にともなう権利（「職」）が重層的に存在しており、武士や官人、寺僧はそれらを開発、買い取るなど集積して所領とした。なかでも武士は居館を中心に周囲の土地を同心円的に取りこみ、寄進などで様々な職を獲得して成長を遂げた。とりわけ東国の武士の成長は都から遠くにあって著しく、やがて武士の長者である頼朝に結集し鎌倉幕府を形成した。

成立した幕府は東国を実力で支配し、東国の武士の所領を保障（「安堵」）し、独自に地頭職を給与するとともに、平家の遺産を継承して多くの荘園（「関東御領」）や知行国を領有したので、荘園公領制は新たな段階に入った。幕府は西国にも勢力を広げてゆくなか、承久の乱で勝利したことから、西国への支配を拡大し広範に地頭を置いた（新補地頭）。

それとともに荘園領主と地頭の間で争いが多く生じるようになったので、幕府はその紛争を裁く法廷を整備し、裁判の指針ともなる法令『貞永式目』を制定した。法廷は鎌倉だけでなく、京の六波羅《ろくはら》、さらに九州にも設けられ、土地紛争を裁くようになり、土地制度は安定化していった。

## †荘園公領制から大名領国制へ

十三世紀の鎌倉時代の後半、社会が安定して経済が成長するなか、荘園領主・地頭の支配下の村落では、名主《みょうしゅ》や百姓が力をつけ、山林原野などを開発して土地への権利を強めてゆき、村の経営を担うようになった。特に畿内近国の先進地域では、荘園領主や地頭を相手どって争うようにもなっていて、それとともに新興武士や大寺院の寺僧《じそう》（大衆《だいしゅ》）が流通経済の波に乗って成長し、その活動は荘園領主から「悪党」と称された。

この動きに有効な対策をとれなかった鎌倉幕府に対し、後醍醐天皇は巧みにとりいれて幕府の打倒へと動いて、幕府が滅亡し、南北朝の動乱が始まった。この戦乱は地頭御家人や新興の武士、寺院の大衆、武士化した貴族らを広く巻き込んで、全国に波及した。そのなかで各国に置かれた守護が支配を強めると、これに対抗しつつ地頭御家人や新興の武士は「国人」として所領支配を深めた。

さらに合戦の場となった村では地侍や村人が力をつけていった。国人や地侍は一揆契約を結び、村人は惣という村のまとまりを形成していったのである。土地制度の動揺も著しかったが、一三六八年（応安元）に室町幕府が半済令《はんぜいれい》を出して、荘園年貢の半分を武士に給与するなどした頃から、戦乱が鎮まり、土地制度も定まってゆき、荘園公領制は新たな段階に入った。

そこでは幕府の御料所《ごりょうしょ》や禁裏領《きんりりょう》、寺社本所《ほんじょ》領、守護大名領、国人領、地侍領が併存ないし重層しており、そのもとで名主・百姓が経営する村が存在していた。幕府は財源を荘園公領への課役や御料所の年貢、守護の献金、日明貿易の収入に求め、禁裏領以下の様々な所領の知行を保障したことで、政権は安定した。

この荘園公領制に大きな打撃を与えたのが応仁の乱であり、京を離れた守護が地方に下って地域支配を強めて、国人・地侍を家臣団に編成した。国人は一揆を結んで領主支配の強化を目指し、地侍や名主・百姓は惣村の結び付きを強め、さらに宗教勢力の一揆が諸勢力に対抗するなど、独自に動くようになった。

そうした戦国の情況から台頭したのが村の名主・百姓の直接支配をめざした戦国大名であって、守護大名は幕府から与えられた守護権によらず、『貞永式目』を手本に分国法を制定するなどして、新たな武家を形成した。また守護代や有力国人は、国人一揆を内部に抱える形で戦国大名へと成長した。

戦国大名は鉱山開発や産業を振興し、職人を編成、検地を実施するなど、その領域を国家として支配する領邦国家を形成していった。この領邦国家を征服ないし従属させて生まれたのが近世の織豊《しょくほう》・徳川の統一政権にほかならない。

## 家の文化の広がり

　中世の政治や経済の動き、流れを見てきたところで、次に文化や宗教についても見ることにしよう。中世の文化も宮廷を中心とする古典文化を前提に展開してきた。たとえば『古今和歌集』に始まる勅撰和歌集の編纂は、白河院が継承して『後拾遺和歌集』『金葉《きんよう》和歌集』を編纂し、それとともに堀河天皇が歌人十四人に百首の歌を詠ませる百首歌の試みを行って『堀河百首』を編むなど、和歌の文化は院政期に広く定着してゆき、殿上での歌《うた》合《あわせ》を通じて和歌は宮廷文化の中心となった。

　この時期には説話集『今昔物語集』や歴史書『扶《ふ》桑略記《そうりやっき》』『本朝世紀』、絵巻『源氏物語絵巻』などが作成された。これも和歌文化と同じく古典文化の学習と理解の賜物であったが、そこからさらに現実の社会を見つめる新たな文化が成長していった。出家遁世した武士の西行は、諸国を旅して地方の人々の生活と風景に触れて清新な歌を詠み、現実の自然と風俗の描写を踏まえた絵巻『信貴《しぎ》山縁起《さんえんぎ》絵巻』『伴大納言《ばんだいなごん》絵巻』『鳥獣人物戯画』が製作されることになった。

院政期には家が形成されてきたので、文化も家の文化としての性格を有していた。白河院は国王の家の権威を示すべく「国王の氏寺」として法勝寺を創建し、摂関家は氏寺の京の法性寺《ほっしょうじ》や南都の興福寺、氏社の春日社を氏長者《うじのちょうじゃ》として管轄し、上流貴族もその家の氏寺を管轄するなか、それに関わって建築物や絵画・仏像などの美術作品が多く生まれた。

武家の平清盛は安芸の厳島《いつくしま》神社を造営して、平氏一門の繁栄を願う『平家納経』を奉納したが、奥州平泉の藤原氏も中尊寺・毛越寺《もうつうじ》などを造営し、多くの仏像や装飾経を奉納した。鎌倉に生まれた武家政権は、平泉藤原氏を滅ぼしてその文化を継承、さらに京の公家の文化や平氏に焼き討ちされた南都の仏教文化も取り入れた。鎌倉の八幡宮や勝長寿院《しょうちょうじゅいん》は京の文化の影響を受け、永福寺《ようふくじ》は京・南都・平泉の文化の影響を受けている。

このような家の文化が展開するなかで、朝廷では歌詠みの六条家や藤原俊成・定家父子の御子左家《みこひだりけ》が、蹴鞠の難波家や飛鳥井家が生まれるなど、芸能・文化に関わる貴族の家が形成され、さらに絵画の制作にあたった絵師の家や仏像を製作した運慶らの仏師の家なども形成された。こうした家の文化のピークが後鳥羽上皇の『新古今和歌集』である。

その編集のために設けられた和歌所《わかどころ》には摂政藤原良経以下の僧俗の歌人が集められ、彼らは和歌のみならず他の文化にも秀でていて、和歌所は王朝の文化機関として機能し、その影響は鎌倉にも及んで、将軍実朝は和歌や蹴鞠を武家文化として取り入れていった。

しかしその実朝の公家政権への従属への危惧もあって、実朝は凶刃に倒れ、承久の乱が起きたのであるが、これに勝利した幕府は、朝廷への政治的優位から積極的に公家文化を吸収するようになり、京・鎌倉を中心とする二つの文化圏が生まれた。家を中心とする文化は、この文化圏の交流とともに定着することになった。

そこに新たな文化が大陸から入ってきたことで、大きな変化が生まれてくるのであるが、この点を見てゆくためには、宗教文化の流れをさかのぼって見ておく必要がある。

## †仏教信仰の展開

中世の仏教信仰もまた、南都六宗や真言・天台宗からなる顕教・密教という古典仏教の体系を前提に展開してきた。白河院は国王の氏寺として法勝寺を建て、布施を広く僧に与え、仁和寺に入っていた皇子の覚行を法親王となし、自ら出家して法皇となり仏教界に君臨するようになった。

熊野御幸《ごこう》や石清水・春日詣など神社への参詣を頻繁に行ってゆき、一一二三年（保安四）七月に石清水八幡宮に捧げた告文《こうもん》には、「王法は如来の付属により、国王興隆す」と記され、仏法によって授けられた王権、王権仏授説を主張した。

院政期の信仰も家が中心で、家の繁栄を願って仏像や経が製作されたが、その家を離れて出家遁世《しゅつけとんせい》し多くの人々に信心・信仰を勧める勧進聖人が現れた。彼らは浄土往生を願う人々に「南無阿弥陀仏」の念仏を勧め、『法華経』の説く功徳を語って「南無妙法蓮華経」の持経《じきょう》を勧め、阿弥陀仏や観音菩薩などの仏像を造ってその功徳に祈りを捧げる作善《さぜん》（持仏）を勧め、経を経塚に埋納してその功徳が埋納者の子孫に及ぶよう勧めるなどした。

こうした信仰の勧めの広がりから、法然・親鸞・一遍らの浄土宗・浄土真宗・時宗《じしゅう》が生まれ、日蓮の法華宗（日蓮宗）が生まれたのである。それは南都北嶺《なんとほくれい》の大衆による強訴《ごうそ》や教団内部の腐敗などの仏教信仰の現状への憂いから発するものだが、その現状への反省から本来の信仰の在り方を求める動きも強まり、栄西や道元は大陸に渡って禅宗を伝え、叡《えい》尊《ぞん》や忍性《にんしょう》は戒律を重視して真言律宗の教えを説いた。

こうしたことから新たな仏教信仰は、しだいに武士や庶民に受け入れられて各地に広まった。新たに生まれた武家政権もその受け入れに熱心で、北条泰時は浄土に往生する信仰から、阿弥陀の大仏を鎌倉に造るのを支援し、北条時頼は禅宗を受け入れて建長禅寺《けんちょうぜんじ》を創建し、戒律を重視して叡尊を鎌倉に招いた。そうした時に十三世紀のモンゴル高原に興ったモンゴル族がユーラシア大陸を席巻したので、その圧迫を逃れて禅僧が日本に渡来してきたのである。

## †禅宗の広がりと文化の革新

時頼は建長禅寺を創建するにあたり渡来していた蘭渓道隆《らんけいどうりゅう》を開山にすえたことから、禅宗が国内に広がったが、さらに通交を求めるモンゴルの国書が一二六八年（文永五）に到来して、大陸の余波が日本に直接に及ぶようになった。

二度のモンゴル襲来を退けた日本は、モンゴルが建てた元と国交を結びはしなかったものの、大陸との交易は盛んとなり、京の東福寺や鎌倉の大仏の造営料を名目とする船が派遣され、渡来僧や留学僧が宋の文化を直接にもたらした。幕府は大陸の五山の制度に倣って鎌倉に五山の制を設けるなど、禅宗寺院を手厚く保護したので、元への留学僧が激増し、南浦紹明《なんぽじょうみん》、桃渓徳悟《とうけいとくご》らが大陸に渡った。

禅宗の広がりとともに、これに喚起された諸宗派が地方の社会へと進出してゆき、新たな地域文化が形成されていった。道元に始まる曹洞宗は北陸地方に、日蓮に始まる日蓮宗は南関東から東海地方に、一遍の遊行《ゆぎょう》を継承した他阿真教《たあしんきょう》の時宗は北陸道を経て関東地方に広がり、南北朝の動乱はその流れをいっそう進め、人々の信仰心を育んだ。

大陸からもたらされた文化は、兼好法師が『徒然草』に「唐船の、たやすからぬ道に、無用の物どものみ取り積みて、所狭く渡しもてくる、いと愚かなり」と記したように、禅宗だけでなく、食文化などの生活文化や学問・芸能など旧来の文化に大きな影響をあたえた。たとえば栄西が大陸から持ち帰った茶を飲む習慣は、闘茶《とうちゃ》という茶の種類を飲み分けて勝負を争うゲームとして広がった。

また、寺院や院の殿上で演じられていた猿楽《さるがく》や田楽《でんがく》、殿上《てんじょう》や地下《じげ》で詠まれていた連歌《れんが》、寺院や祭礼に奉納されていた踊りや舞など、人々が寄合って集団で楽しむ芸能も好まれるようになり、これに発する華美な風潮は「バサラ」と称された。そのうちの連歌は、寄り合った人々が歌を連ねてゆくことから、一揆という集団の結束を強める機能を帯び、国人や地侍の結びつきの役割を果たし、合戦に向けての戦意高揚のためにも詠まれたので、武士の芸能として発展していった。

## †近世社会につながる文化

猿楽・田楽は猿楽能・田楽能として見せる芸能の要素が高まってゆき、それとともに目の肥えた観客が生まれ、その視線や評価にさらされるなか、観阿弥《かんあみ》・世阿弥《ぜあみ》が謡曲や『風姿花伝』など多くの書物を著し、演劇としての芸術性を高めていった。その際に重要な役割を果たしたのが禅宗である。世阿弥は幼くして足利義満の寵愛を受けて成長し、禅宗を愛好した足利義持との緊張感あふれる関係から、夢幻能のような演劇を生み出した。

禅宗の影響は茶にも及んでゆき、茶を飲む空間の延長上に広がる庭園が、禅の境地を示す禅宗庭園として造られてゆき、茶に禅宗の精神性が取り込まれ、さらにそれが草庵の宇宙に凝縮されていって、戦国期に生まれたのが武野紹鷗《たけのじょうおう》や千利休《せんのりきゅう》による侘《わ》び茶である。ほかにも禅宗は建築や絵画（水墨画）にも大きな影響をあたえた。

室町・戦国期に生まれた文化・芸能は基本的に近世に継承されていったのであるが、さらに民衆文化も忘れてはならない。『義経記《ぎけいき》』や『御伽草紙』などの読み物が楽しまれ、町や村では『庭訓往来《ていきんおうらい》』などの手習のテキストが学ばれた。能も武士や貴族ばかりでなく町や村の神社の祭で演じられ、近世社会へとつながっていった。

中世の政治や社会・宗教などさまざまな文化領域において生まれた諸要素や断片が、いわば統合されてゆき、また再配分されたのが近世ということになろうか。それに多大な影響を与えたのが領邦国家の大名であり、その大名を包含した天下人であり、さらにヨーロッパの文明との接触であった。

**さらに詳しく知るための参考文献**

桜井英治ほか編『岩波講座　日本歴史』第六巻　中世1（岩波書店、二〇一三）……中世社会のはじまりに関する比較的新しい研究動向を知るのに便利な一冊。中世史の魅力や政治・宗教の動きなど基本的なテーマを扱って、現段階での中世史の研究の方向性を示している。

勝俣鎮夫『戦国社会論』（岩波書店、一九九六）……戦国時代の画期的性格を端的に指摘した「戦国大名『国家』の成立」を始めとして村や市の性格など、刺激に富む論考を満載している。

五味文彦『文学で読む日本の歴史《中世社会篇》』（山川出版社、二〇一六）……中世社会を百年ごとに区切り、各百年の時代精神、あるいは時代を通底する思考からその時代の動きを考えた。家や身体、職能、型などがキーワードになる。

五味文彦『文学で読む日本の歴史《戦国社会篇》』（山川出版社、二〇一七）……応仁の乱から元和偃武までの戦国期の社会を五十年ごとに区切って、時代の動きを探った。中世から近世へといかにつながり、また変化したのかを考えている。キーワードは自立、自律、世間である。

# 編・執筆者紹介

**高橋典幸**（たかはし・のりゆき）【編者／はじめに・第1講・第8講】
一九七〇年生まれ。東京大学大学院人文社会系研究科教授。東京大学大学院人文社会系研究科博士課程中退。博士（文学）。専門は日本中世史。著書『鎌倉幕府軍制と御家人制』（吉川弘文館）、『源頼朝――東国を選んだ武家の貴公子』（山川出版社日本史リブレット）、『日本軍事史』（共著、吉川弘文館）など。

**五味文彦**（ごみ・ふみひこ）【編者／はじめに・第15講】
一九四六年生まれ。東京大学・放送大学名誉教授。東京大学大学院人文科学研究科博士課程中退。博士（文学）。専門は日本中世史。著書『院政期社会の研究』（山川出版社）、『増補 吾妻鏡の方法――事実と神話にみる中世』（吉川弘文館）、『絵巻で読む中世』（ちくま学芸文庫）、『書物の中世史』（みすず書房）、『文学で読む日本の歴史』（山川出版社）など。

＊

**佐藤雄基**（さとう・ゆうき）【第2講】
一九八一年生まれ。立教大学文学部教授。東京大学大学院人文社会系研究科博士課程修了。博士（文学）。専門は日本中世史・法制史・史学史。著書『日本中世初期の文書と訴訟』（山川出版社）、「文書史からみた鎌倉幕府と北条氏――口入という機能からみた関東御教書と得宗書状」（『日本史研究』六六七号）など。

**榎本 渉**（えのもと・わたる）【第3講】
一九七四年生まれ。国際日本文化研究センター教授。東京大学大学院人文社会系研究科博士課程単位取得退学。博士（文学）。専門は日本中世国際交流史。著書『東アジア海域と日中交流――九〜一四世紀』（吉川弘文館）、『僧侶と海商たちの東シナ海』（講談社選書メチエ）、『南宋・元代日中渡航僧伝記集成 附江戸時代における僧伝集積過程の研究』（勉誠出版）など。

**西田友広**（にした・ともひろ）【第4講】
一九七七年生まれ。東京大学史料編纂所准教授。東京大学大学院人文社会系研究科博士課程中退。博士（文学）。専門は日本中世史。著書『鎌倉幕府の検断と国制』（吉川弘文館）、『悪党召し捕りの中世——鎌倉幕府の治安維持』（吉川弘文館）など。

**大塚紀弘**（おおつか・のりひろ）【第5講】
一九七八年生まれ。法政大学文学部准教授。東京大学大学院人文社会系研究科博士課程修了。博士（文学）。専門は日本中世国際交流史・仏教史。著書『中世禅律仏教論』（山川出版社）、『日宋貿易と仏教文化』（吉川弘文館）など。

**小瀬玄士**（こせ・げんし）【第6講】
一九八〇年生まれ。東京大学史料編纂所助教。東京大学大学院人文社会系研究科博士課程単位取得退学。専門は日本中世史。論文「鎌倉幕府の財産相続法」（『史学雑誌』一二一—七）、「『島津家文書』所収「年中行事等条々事書」をめぐって」（遠藤基郎編『年中行事・神事・仏事』竹林舎）、史料集『史料纂集兼宣公記』一・二（共編、八木書店）など。

**遠藤珠紀**（えんどう・たまき）【第7講】
一九七七年生まれ。東京大学史料編纂所准教授。東京大学大学院人文社会系研究科博士課程単位取得退学。博士（文学）。専門は中世朝廷制度史。著書『中世朝廷の官司制度』（吉川弘文館）、「中世朝廷の運営構造と経済基盤」（『歴史学研究』八七二号）など。

**川本慎自**（かわもと・しんじ）【第9講】
一九七五年生まれ。東京大学史料編纂所教授。東京大学大学院人文社会系研究科修士課程修了。専門は日本中世史。論文「室町幕府と仏教」（『岩波講座日本歴史　第8巻中世3』岩波書店）、「禅僧の数学知識と経済活動」（中島圭一

編『十四世紀の歴史学――新たな時代への起点』高志書院）など。

**中島圭一**（なかじま・けいいち）【第10講】
一九六四年生まれ。慶應義塾大学文学部教授。東京大学大学院人文科学研究科博士課程単位取得退学。博士（文学）。専門は日本中世史。編著『十四世紀の歴史学――新たな時代への起点』（高志書院）。

**岡本　真**（おかもと・まこと）【第11講】
一九八〇年生まれ。東京大学史料編纂所准教授。東京大学大学院人文社会系研究科博士課程単位取得退学。博士（文学）。専門は日本中世史、東アジア交流史。論文「「堺渡唐船」と戦国期の遣明船派遣」（『史学雑誌』一二四―四）、「天文年間の種子島を経由した遣明船」（『日本史研究』六三八）など。

**三枝暁子**（みえだ・あきこ）【第12講】
一九七三年生まれ。東京大学大学院人文社会系研究科教授。東京大学大学院人文社会系研究科博士課程単位取得退学。博士（文学）。専門は日本中世史。著書『比叡山と室町幕府――寺社と武家の京都支配』（東京大学出版会）、『京都天神をまつる人びと――ずいきみこしと西之京』（岩波書店）など。

**呉座勇一**（ござ・ゆういち）【第13講】
一九八〇年生まれ。国際日本文化研究センター准教授。東京大学大学院人文社会系研究科博士課程単位取得退学。博士（文学）。専門は日本中世史。著書『一揆の原理』（ちくま学芸文庫）、『戦争の日本中世史』（新潮選書）、『日本中世の領主一揆』（思文閣出版）、『応仁の乱』（中公新書）、『陰謀の日本中世史』（角川新書）など。

**阿部浩一**（あべ・こういち）【第14講】
一九六七年生まれ。福島大学行政政策学類教授。東京大学大学院人文社会系研究科博士課程単位取得退学。博士（文学）。専門は日本中世史、戦国期東国・東北の社会史。著書『戦国期の徳政と地域社会』（吉川弘文館）、共編著『ふくしま再生と歴史・文化遺産』（山川出版社）など。

ちくま新書
1378

中世史講義《ちゅうせいしこうぎ》
——院政期《いんせいき》から戦国時《せんごくじ》代《だい》まで

二〇一九年一月一〇日　第一刷発行
二〇二五年六月　五　日　第四刷発行

編　者　高橋典幸（たかはし・のりゆき）
　　　　五味文彦（ごみ・ふみひこ）
発行者　増田健史
発行所　株式会社　筑摩書房
東京都台東区蔵前二-五-三　郵便番号一一一-八七五五
電話番号〇三-五六八七-二六〇一（代表）
装幀者　間村俊一
印刷・製本　三松堂印刷　株式会社


ISBN978-4-480-07199-6 C0221

ちくま新書

1300 古代史講義 ――邪馬台国から平安時代まで 佐藤信編

古代史研究の最新成果と動向を一般読者にわかりやすく伝えるべく15人の専門家の知を結集。列島史の全体像が1冊でつかめる最良の入門書。参考文献ガイドも充実。

1247 建築から見た日本古代史 武澤秀一

飛鳥寺、四天王寺、伊勢神宮などの古代建築群を手がかりに日本誕生に至る古代史を一望する。仏教公伝、皇祖神創造、生前退位は如何に三次元的に表現されたのか？

791 日本の深層文化 森浩一

稲と並ぶ隠れた主要穀物の「粟」。田とは異なる豊かさを提供してくれる各地の「野」。大きな魚としてのクジラ。――史料と遺跡で日本文化の豊穣な世界を探る。

859 倭人伝を読みなおす 森浩一

開けた都市、文字の使用、大陸の情勢に機敏に反応する外交。――古代史の一級資料「倭人伝」を正確に読みとき、当時の活気あふれる倭の姿を浮き彫りにする。

1254 万葉集から古代を読みとく 上野誠

民俗学や考古学の視点も駆使しながら万葉集全体を解剖し、今につながる古代人の文化史、社会史をさぐる型破りの入門書。「表現して、残す」ことの原初性に迫る。

876 古事記を読みなおす 三浦佑之

日本書紀には存在しない出雲神話がなぜ古事記では語られるのか？　序文のいう編纂の経緯は真実か？　この歴史書の謎を解きあかし、神話や伝承の古層を掘りおこす。

1207 古墳の古代史 ――東アジアのなかの日本 森下章司

社会変化の「渦」の中から支配者が出現した、古墳時代の中国・朝鮮・倭。一体何が起こったのか。日本と他地域の共通点と、明白な違いとは。最新考古学から考える。

## ちくま新書

895 伊勢神宮の謎を解く——アマテラスと天皇の「発明」 武澤秀一
伊勢神宮をめぐる最大の謎は、誕生にいたる壮大なプロセスにある。そこにはなぜ、二つの御神体が共存するのか？神社の起源にまで立ち返りあざやかに解き明かす。

601 法隆寺の謎を解く 武澤秀一
世界最古の木造建築物として有名な法隆寺は、創建・再建の動機を始め多くの謎に包まれている。その構造から古代史を読みとく、空間の出来事による「日本」発見。

1369 武士の起源を解きあかす——混血する古代、創発される中世 桃崎有一郎
武士はどこでどうやって誕生したのか。日本を長期間統治した彼らのはじまりは「諸説ある」として不明とされていた。古代と中世をまたぎ、日本史最大級の謎に挑む。

734 寺社勢力の中世——無縁・有縁・移民 伊藤正敏
最先端の技術、軍事力、経済力を持ちながら、同時に、国家の論理、有縁の絆を断ち切る中世の「無縁」所。第一次史料を駆使し、中世日本を生々しく再現する。

1093 織田信長 神田千里
信長は「革命児」だったのか？　近世へ向けて価値観が大転換した戦国時代、伝統的権威と協調し諸大名や世間の評判にも敏感だった武将の像を、史実から描き出す。

618 百姓から見た戦国大名 黒田基樹
生存のために武器を持つ百姓。領内の安定に配慮する大名。乱世に生きた武将と庶民のパワーバランスとは——。戦国時代の権力構造と社会システムをとらえなおす。

1359 大坂城全史——歴史と構造の謎を解く 中村博司
豊臣秀吉、徳川家康・秀忠など、長きにわたり権力者たちの興亡の舞台となった大坂城を、最新の研究成果に基づき読み解く、通説を刷新する決定版通史！

ちくま新書

## ちくま新書

1318
明治史講義【テーマ篇】
小林和幸編
信頼できる研究を積み重ねる実証史家の知を結集。20のテーマで明治史研究の論点を整理し、変革と跳躍の時代を最新の観点から描き直す。まったく新しい近代史入門。

1319
明治史講義【人物篇】
筒井清忠編
西郷・大久保から乃木希典まで明治史のキーパーソン22人を、気鋭の専門研究者が最新の知見をもとに徹底分析。確かな実証に基づく、信頼できる人物評伝集の決定版。

1136
昭和史講義
——最新研究で見る戦争への道
筒井清忠編
なぜ昭和の日本は戦争へと向かったのか。複雑きわまる戦前期を正確に理解すべく、俗説を排して信頼できる史料に依拠。第一線の歴史家たちによる最新の研究成果。

1194
昭和史講義2
——専門研究者が見る戦争への道
筒井清忠編
なぜ戦前の日本は破綻への道を歩んだのか。その原因をより深く究明すべく、二十名の研究者が最新研究の成果を結集する。好評を博した昭和史講義シリーズ第二弾。

1266
昭和史講義3
——リーダーを通して見る戦争への道
筒井清忠編
昭和のリーダーたちの決断はなぜ戦争へと結びついたのか。近衛文麿、東条英機ら政治家・軍人のキーパーソン15名の生い立ちと行動を、最新研究によって跡づける。

1341
昭和史講義【軍人篇】
筒井清忠編
戦争の責任は誰にあるのか。東条英機、石原莞爾、山本五十六ら、戦争を指導した帝国陸海軍の軍人たちの実像を最新研究をもとに描きなおし、その功罪を検証する。

1184
昭和史
古川隆久
日本はなぜ戦争に突き進んだのか。私たちは、何を失い、何を手にしたのか。開戦から敗戦、復興、そして高度成長へと至る激動の64年間を、第一人者が一望する決定版！